TCHAD : FRANC CFA, DETTES PUBLIQUES, PRÉSENCE MILITAIRE FRANÇAISE

Points de vue

Collection dirigée par Denis Pryen

Dernières parutions

SHANDA TONME, *Institutions des problématiques de développement humain. Didactique et dialectique des notions et des concepts,* 2025.
Abdourahman BARKAT GOD, *Exile, another form of suffering. The case of the Djibouti and Somali communities*, 2025.
Aubin Félix AMANI, *Essais sur la crise ivoirienne. Leçons d'Athènes*, 2024.
Jabir TOURE, *Mali : une crise aux multiples facettes*, 2024.
Léonard MESSI, *L'Afrique sous influence et perfusion. Libre essai de géopolitique*, 2024.
Abdourahman BARKAT GOD, *L'exil, une autre souffrance. Le cas des communautés djiboutienne et somalie*, 2024.
Hildebrand KARANGWA, *Les origines du génocide des Batutsi d'il y a 30 ans,* 2024.
Roc THOMAS KIYIREMBERA, *L'interventionnisme du Rwanda en République Démocratique du Congo. Hégémonie ou puissance prédatrice ?*, 2024.
Eugène NDAHAYO, *Pierre-Claver Ndahayo, mon père. Pionnier de la révolution rwandaise*, 2024.
Mamadou Lamine TABALY, *L'Afrique rayonne. Pouvoirs et potentiels africains : nouvelles voies vers la réussite*, 2024.
Bernardo DOMBELE MBALA, João Joaquim NDOMBASI MAVATIKU, *Libérer l'Angola pour changer l'Afrique. Fragments de mémoires*, 2023.
Julio César DONGMO, *Cameroun : le président Biya à l'école de Machiavel. Essai d'identification et d'explication des pratiques machiavéliennes de « l'homme-lion »*, 2023.
Réjean COTE, *L'Afrique verte et les industries extractives*, 2023.
Maidé HAMIT LONY, *La décentralisation au tchad. Une dynamique normative à l'épreuve des réalités pratiques*, 2023.
Abdourahman BARKAT GOD, *Le portrait du nouvel être. Réflexion sur l'Homme dans le contexte djiboutien*, 2023.

Romain Dingao

TCHAD : FRANC CFA, DETTES PUBLIQUES, PRÉSENCE MILITAIRE FRANÇAISE

Quels bilans 64 ans après l'indépendance ?

L'Harmattan

Du même auteur :

ÉCLAT ENTREPRENEURIAL, CREER, INNOVER, REUSSIR : Guide pratique pour les jeunes entrepreneurs africains visionnaires et ambitieux

ÉCOUTER ET AGIR : TROUVER LA CLARTE ET LA PAIX DANS LES DECISIONS CRUCIALES : Comment trouver la certitude dans ses choix essentiels en s'appuyant sur des principes spirituels

5-7, rue de l'École-Polytechnique – 75005 Paris

www.editions-harmattan.fr

ISBN : 978-2-336-49867-6
EAN : 9782336498676

Aux Présidents

Burkinabé, IBRAHIM TRAORE

Malien, ASSIMI GOÏTA

Nigérien, ABDOURAHAMANE TCHIANI

Et à tous les Peuples de l'AES et d'Afrique noire

Nous avons saigné l'Afrique pendant quatre siècles et demi. Ensuite, nous avons pillé ses matières premières ; après, on a dit : ils (les Africains) ne sont bons à rien. Au nom de la religion, on a détruit leur culture et maintenant, comme il faut faire les choses avec plus d'élégance, on leur pique leurs cerveaux grâce aux bourses. Puis, on constate que la malheureuse Afrique n'est pas dans un état brillant, qu'elle ne génère pas d'élites. Après s'être enrichi à ses dépens, on lui donne des leçons.

Jacques Chirac, feu Président français

Je veux que la patrie retrouve sa dignité et que la liberté soit possible. La dette est une recolonisation intelligemment organisée.

Thomas Sankara

Préface

Au crépuscule du 11 août 1960, le Tchad brandissait fièrement le drapeau de son indépendance, affirmant sa liberté sur le continent africain. Ce jour-là, le monde entier observait, admirant ce geste audacieux, symbole d'un rêve de liberté et d'autodétermination. Mais derrière ce geste se cachait une réalité plus complexe, une toile d'araignée d'influences et de compromissions qui a façonné le destin de cette nation.

Dans *Tchad : franc CFA, dettes publiques, présence militaire française, Quels bilans 64 ans après l'indépendance ?* nous plongeons au cœur de cette complexité de l'héritage colonial qui ne cesse de peser comme l'épée de Damoclès sur le pays de Toumaï. Ce livre ne se contente pas de raconter l'histoire ; il dévoile les arcanes d'un passé qui continue d'impacter le présent et de déterminer l'avenir du Tchad. Comme un miroir brisé, il reflète les fractures profondes d'une indépendance compromise, où les promesses de liberté ont souvent laissé place à des réalités de dépendance et de soumission.

À l'aube de l'indépendance, le Tchad devait affronter non seulement le poids d'un héritage colonial, mais aussi les défis d'une relation post-coloniale qui a souvent ressemblé à un joug plutôt qu'à une opportunité. Le Franc CFA, monnaie héritée de la colonisation, est devenu le symbole d'une dépendance économique qui entrave le développement autonome. Les dettes accumulées et les interventions militaires françaises ont renforcé cette chaîne invisible, maintenant le pays dans une position de vulnérabilité.

En tant que Panafricaniste, mon engagement envers l'Afrique et ses peuples m'incite à scruter les réalités complexes qui entravent notre quête collective d'émancipation. Le Tchad, comme tant d'autres nations africaines, est le théâtre de luttes qui vont bien au-delà des frontières nationales. Ce livre est une invitation à comprendre ces dynamiques, à explorer les conséquences dévastatrices des choix faits lors de l'indépendance, et à envisager les voies possibles pour un avenir où le Tchad pourrait réellement écrire sa propre histoire.

Ce livre est un appel à l'action et une réflexion profonde sur la manière dont nous pouvons, ensemble, redéfinir les termes de notre émancipation et de notre développement. C'est un appel à dépasser les frontières de la dépendance et à construire un avenir où les nations africaines, y compris le Tchad, peuvent s'épanouir pleinement.

Je vous invite à vous embarquer dans cette exploration audacieuse et nécessaire. En examinant les conséquences de l'héritage colonial et les défis actuels, nous avons l'occasion de réécrire l'histoire et de façonner un avenir plus juste et équitable pour toutes les nations africaines.

En vous invitant à une réflexion profonde sur ces 64 années de quête de souveraineté et de progrès...

L'auteur

Introduction

- **Contexte historique de l'indépendance du Tchad**

Situé au cœur de l'Afrique centrale, le Tchad a connu une longue histoire de domination coloniale avant d'accéder à son « indépendance ». Cette période de colonisation a profondément façonné le destin politique, économique, et social du pays. Avant la colonisation, le territoire tchadien était un patchwork de royaumes et de communautés ethniques variées, chacune avec ses propres structures politiques et sociales. Les premiers contacts avec les européens ont commencé au 19ème siècle, mais ce n'est qu'au début du 20ème siècle que la France a commencé à établir un contrôle direct. La conquête française du Tchad a été marquée par une série de campagnes militaires, souvent brutales, pour soumettre les populations locales. Les forces françaises ont utilisé une combinaison de diplomatie, de traités et de force militaire pour intégrer le Tchad dans leur empire colonial.

En 1891, la France s'installe au Tchad et entreprend des campagnes militaires contre les royaumes musulmans. Trois expéditions sont lancées par la France en direction du Tchad en 1898 : la mission Voulet-Chanoine depuis Dakar et le Niger, la mission Foureau-Lamy depuis Alger et le Sahara algérien et la mission d'Émile Gentil depuis le Moyen-Congo. Le 22 avril 1900, la bataille décisive de Kousséri oppose les forces du commandant François Joseph Amédée Lamy et celles du seigneur de guerre soudanais Rabah, tous deux tués pendant la bataille. Fort-Lamy est alors créé par Émile Gentil sur la rive droite du Chari et il est le premier administrateur du Tchad (Centre d'étude et de formation pour le développement, 2001). À partir de 1900, le Tchad est considéré comme un protectorat français et est devenu colonie en 1920 dans le cadre de l'Afrique équatoriale française (AEF), une fédération coloniale sous l'administration française qui incluait également le Gabon, le Congo-Brazzaville et l'Oubangui-Chari. En 1940, il fut la première colonie française à adhérer à la France libre sous l'impulsion du gouverneur Félix Éboué (Beauvilain, 1993).

Sous la colonisation, le Tchad a subi une réorganisation profonde de ses structures économiques et sociales. Les Français ont mis en place un système administratif centralisé qui a bouleversé les structures de pouvoir traditionnelles (Magnant, 1994). Les politiques coloniales ont favorisé l'exploitation des ressources naturelles du Tchad pour les bénéfices de la métropole, tout en imposant des taxes lourdes et des exigences de travail forcé sur les populations locales (Brasseul, 2016). Cette exploitation a entraîné une dégradation des conditions de vie et une rupture avec les modes de vie traditionnels.

Dans les années 1940 et 1950, une vague de nationalisme a balayé l'Afrique coloniale, et le Tchad n'a pas échappé à ce mouvement. Les premières organisations politiques visant l'indépendance ont émergé en réponse aux injustices de la colonisation et à l'influence croissante des idées de décolonisation sur le continent. Le Front pour l'Indépendance du Tchad (FIT), dirigé par des figures comme Gabriel Lisette, a joué un rôle crucial dans l'organisation de la résistance politique. Les revendications pour une plus grande autonomie ont été articulées dans un contexte de croissance du mouvement panafricain et des pressions internationales pour mettre fin à la colonisation. Le FIT et d'autres groupes nationalistes ont organisé des manifestations, des grèves, et des campagnes de sensibilisation pour mobiliser l'opinion publique contre la domination coloniale (Lanne, 1988). C'est ainsi que le 11 août 1960, le Tchad a proclamé son indépendance. Cependant, cette indépendance a été marquée par des compromis significatifs avec la France. Les négociations qui ont précédé l'indépendance ont abouti à des accords qui ont maintenu des liens étroits (Franc CFA, dettes publiques et présence militaire) entre le Tchad et la France. François Tombalbaye est devenu le premier Président du Tchad, et son gouvernement a hérité d'un cadre politique et économique qui continuait à favoriser les intérêts français. Les accords de défense, par exemple, ont permis à la France de maintenir des bases militaires au Tchad, et ces bases ont joué un rôle crucial dans la gestion des conflits internes et régionaux. Cette présence militaire a souvent été perçue comme une limitation à la pleine souveraineté du pays (Tchami, 2000).

- **Controverses autour de l'indépendance**

Les conditions qui ont accompagné l'indépendance du Tchad ont été largement critiquées pour leur caractère restrictif. Les accords de coopération signés avec la France ont permis à cette dernière de conserver une influence significative sur les affaires internes du pays. L'un des principaux points de friction était le maintien des bases militaires françaises au Tchad. Ces bases ont été établies sous prétexte de protéger le Tchad et de garantir la stabilité régionale, mais elles ont souvent été perçues comme un moyen pour la France d'exercer une influence continue (Beauvais, 1996).

Les accords économiques ont également été controversés. Le franc CFA, la monnaie coloniale imposée aux tchadiens, est lié à l'euro et soumis à des politiques monétaires décidées par la France. Ce lien a été critiqué pour limiter la capacité du Tchad à mener une politique économique indépendante et pour maintenir le pays dans une situation de dépendance économique (Faye, 2008).

L'influence française sur le Tchad a persisté bien au-delà de l'indépendance. Cette influence est visible dans plusieurs domaines, notamment l'économie, la politique, et la culture. La France a pu maintenir une présence militaire au Tchad grâce aux accords de défense signés avec ce dernier, influençant ainsi la politique intérieure et extérieure du pays. Sur le plan économique, la monnaie commune, le franc CFA, a limité la flexibilité monétaire du Tchad. Associé à l'euro, le franc CFA impose des contraintes sur les politiques économiques locales, ce qui a freiné le développement économique autonome du Tchad. Les critiques du franc CFA soulignent qu'il perpétue une forme de dépendance économique et empêche les pays africains francophones, et en particulier le Tchad, de mener des politiques monétaires adaptées à leurs besoins spécifiques (Le Monde. 2015, 8 juillet).

Les réactions à l'indépendance du Tchad et aux conditions qui l'ont accompagnée ont été variées. Sur le plan national, il y a eu un sentiment croissant de frustration parmi les tchadiens concernant la persistance des influences coloniales. Les critiques se sont concentrées sur le fait que les accords d'indépendance n'avaient pas véritablement libéré le pays de la domination étrangère, mais avaient plutôt maintenu des structures de pouvoir favorisant les intérêts français (Droz, 2003). À l'international, les observateurs ont souvent remis en question la sincérité des processus de décolonisation. Les critiques ont souligné que les puissances coloniales, comme la France, avaient conçu les processus d'indépendance de manière à préserver leurs propres intérêts et à limiter la véritable autonomie des nouvelles nations (Verschave, 2003).

Cet ouvrage qui résume une thématique critique autour de l'héritage postcolonial au Tchad, 64 ans après son indépendance, a pour objectif d'évaluer ces trois éléments : Franc CFA, dette et présence militaire française pour déterminer si le Tchad a réussi à s'émanciper réellement 64 ans après son indépendance, ou si ces facteurs continuent de l'enchainer à un système de domination économique et politique néocolonial. En examinant ces trois aspects interconnectés, nous cherchons à comprendre à travers une analyse critique le bilan de la situation économique, monétaire et géopolitique qui pose la question de la souveraineté, de l'indépendance réelle et de l'avenir de pays comme le Tchad. Cette analyse vise à mettre en lumière les défis persistants et les obstacles qui continuent de freiner le progrès du pays. Enfin, ce livre ambitionne de proposer des pistes de réflexion pour atténuer les effets néfastes de ces facteurs et promouvoir un développement plus autonome et durable. En explorant des options telles que la réforme économique, une gestion plus équitable de la dette et la réduction de la dépendance militaire, nous espérons offrir des recommandations susceptibles d'aider le Tchad à relever ses défis actuels et à construire un avenir plus prospère.

Pour mener cette analyse, nous adopterons une approche analytique qui combine des études historiques, économiques et politiques. Nous examinerons les données disponibles sur le franc CFA, l'endettement et la présence militaire française, en utilisant une variété de sources pour fournir une vue d'ensemble complète des impacts de ces facteurs sur le Tchad. Nous analyserons également des études de cas spécifiques et des rapports d'experts pour comprendre comment ces facteurs ont évolué au fil du temps et comment ils ont influencé les politiques et les conditions de vie au Tchad. Les sources pour cette analyse comprendront des documents historiques, des rapports économiques et des études académiques. Nous utiliserons également des données statistiques pour illustrer les tendances économiques et sociales, ainsi que des analyses critiques pour évaluer les politiques et les accords pertinents. Cette méthodologie nous permettra de fournir une évaluation approfondie des effets du franc CFA, de l'endettement et de la présence militaire française au Tchad, en offrant une perspective claire sur les défis actuels et les opportunités pour l'avenir. Ainsi, nous espérons contribuer à un débat éclairé sur les voies possibles pour un développement plus autonome et durable du pays.

CHAPITRE I :

L'héritage du franc CFA : Évolution de la monnaie depuis l'indépendance et son impact sur l'autonomie économique du Tchad

Le 11 août 1960, le Tchad a célébré son indépendance en se détachant du joug colonial français. Cependant, derrière cette façade de liberté se cachait une réalité plus complexe, une réalité où la prétendue émancipation n'était que partiellement réalisée. L'un des aspects les plus controversés de cette transition vers l'indépendance est l'héritage du franc CFA. Ce chapitre se propose d'explorer en profondeur l'impact de cette monnaie sur le Tchad, en examinant son origine, son fonctionnement, ses effets économiques et les implications pour la souveraineté nationale.

Le franc CFA, créé en 1945, est une monnaie qui tire son origine de la période coloniale française en Afrique. Le terme CFA signifie « colonies françaises d'Afrique » et cette monnaie a été introduite pour stabiliser les économies des territoires africains sous contrôle français. À l'époque, la monnaie était perçue comme un instrument de contrôle économique qui permettait à la France de maintenir son influence sur ses colonies.

Lors de l'indépendance des pays africains dans les années 1960, le franc CFA a été conservé, mais sous une forme modifiée. Plutôt que de disparaître, cette monnaie a été adaptée pour fonctionner dans les nouveaux États indépendants tout en maintenant des liens étroits avec la France. Le franc CFA a continué à être garanti par le Trésor français, assurant ainsi une stabilité monétaire, mais également un contrôle indirect sur les politiques économiques des anciens territoires coloniaux.

Le fonctionnement du franc CFA repose sur un accord monétaire entre les pays africains de la zone franc et la France. Les banques centrales de ces pays maintiennent des réserves de change équivalentes à la totalité de la monnaie en circulation, et ces réserves sont déposées auprès du Trésor français. Ce système, bien que garantissant une certaine stabilité monétaire, impose des contraintes importantes aux pays africains. Pour le Tchad, cela signifie que sa politique monétaire est en grande partie déterminée par les décisions économiques prises en France. Le pays ne dispose pas de l'autonomie nécessaire pour ajuster sa politique monétaire en fonction de ses besoins spécifiques. En période de crise économique ou de fluctuation des marchés, le Tchad est contraint de suivre les directives imposées par les conditions du franc CFA, ce qui limite sa capacité à répondre efficacement aux défis économiques locaux.

Depuis son indépendance, le Tchad a été profondément influencé par l'usage du franc CFA. Sur le plan économique, la monnaie a joué un rôle ambivalent. D'une part, elle a fourni une stabilité monétaire qui n'a été bénéfique que pour les investissements étrangers et le commerce international. D'autre part, elle a également été source de nombreux problèmes. Le franc CFA a souvent été accusé de maintenir les pays africains dans une dépendance économique perpétuelle. Les politiques monétaires rigides imposées par le Système ont souvent été en décalage avec les réalités économiques locales. Par exemple, les pays de la zone CFA ont parfois eu du mal à gérer les fluctuations des prix des matières premières, cruciales pour leurs économies, car leurs politiques monétaires étaient liées à la stabilité du franc français puis de l'euro.

Pour le Tchad, une nation riche en ressources naturelles telles que de gisements d'or, de fer, de bauxite, de sel et de natron, sans oublier le cuivre, l'étain, le tungstène, le graffite, et même le diamant, la dépendance au franc CFA a limité sa capacité à maximiser les bénéfices de ses ressources naturelles. Les fluctuations des prix internationaux ont eu des impacts significatifs sur l'économie tchadienne, et le manque de flexibilité monétaire a souvent aggravé les difficultés économiques.

La dépendance monétaire due au franc CFA a entraîné des conséquences significatives sur la souveraineté économique du Tchad. La monnaie, en étant étroitement liée à l'euro, a réduit la capacité du pays à exercer un contrôle total sur ses propres politiques économiques. En d'autres termes, les décisions économiques clés, telles que les taux d'intérêt et les politiques de change, sont en grande partie dictées par des forces extérieures. Cette situation a conduit à une perte de souveraineté, où le Tchad est contraint de suivre les politiques économiques dictées par la France et par les institutions financières internationales qui soutiennent le système du franc CFA. La capacité limitée à ajuster les politiques monétaires en fonction des besoins nationaux a entravé les efforts pour promouvoir un développement économique autonome et durable.

Les effets du franc CFA sur le développement économique du Tchad sont complexes. D'un côté, la stabilité monétaire fournie par le système du franc CFA a permis une certaine prévisibilité économique, qui est cruciale pour les investisseurs étrangers. Cependant, la rigidité du système a également freiné le développement économique local. Les politiques économiques imposées par le franc CFA ont souvent été inadaptées aux besoins du Tchad. La nécessité de maintenir des réserves de change élevées auprès du Trésor français a limité la capacité du pays à investir dans des projets de développement essentiels, tels que les infrastructures, l'éducation et la santé. En conséquence, le développement économique du Tchad a été freiné, avec des impacts négatifs sur la qualité de vie de ses citoyens.

Les critiques du franc CFA se sont intensifiées au fil des années. De nombreux économistes et analystes affirment que la monnaie constitue un vestige du colonialisme qui maintient les pays africains dans une dépendance économique continue. Les critiques soulignent que le système du franc CFA ne permet pas aux pays africains de bénéficier pleinement de leur autonomie économique et de leur potentiel de développement. Pour le Tchad, ces critiques entraînent des répercussions importantes. Le pays continue de lutter pour trouver un équilibre entre la stabilité monétaire fournie par le franc CFA et les besoins spécifiques de son économie. La pression pour réformer ou remplacer le franc CFA est croissante, avec des appels de plus en plus forts pour une monnaie plus adaptée aux réalités économiques africaines.

Le débat sur le franc CFA est devenu un sujet majeur parmi les décideurs politiques, les économistes et les citoyens africains. De nombreuses voix s'élèvent pour demander une réforme du système monétaire ou même un remplacement complet du franc CFA par une monnaie locale. Les arguments en faveur de ces réformes reposent sur la nécessité de restaurer la souveraineté économique et de permettre aux pays africains de gérer leurs propres politiques monétaires. Le Tchad, comme d'autres pays africains, se trouve à un carrefour où des décisions cruciales doivent être prises concernant l'avenir de sa monnaie. Les discussions portent sur les avantages et les inconvénients de maintenir le franc CFA par rapport à l'adoption de solutions alternatives. Les options explorées incluent la création d'une monnaie régionale ou l'adoption de systèmes monétaires plus flexibles qui répondent mieux aux besoins économiques locaux.

Ce chapitre cherche à mettre en lumière l'importance de comprendre le rôle du franc CFA dans l'économie tchadienne et son impact profond sur le développement du pays. En explorant l'origine, le fonctionnement, les contraintes et les critiques du franc CFA, nous visons à offrir une vue d'ensemble complète sur comment cette monnaie influence non seulement les politiques économiques, mais aussi le développement et la souveraineté du Tchad. L'analyse détaillée des effets du franc CFA est cruciale pour saisir les défis actuels et pour envisager des solutions potentielles qui pourraient permettre au Tchad d'atteindre un développement plus autonome et durable. Le débat sur la monnaie et les alternatives est central dans cette quête pour une véritable indépendance économique, et ce chapitre se propose d'explorer ces enjeux en profondeur.

1. Genèse et évolution du franc CFA : L'analyse critique d'un héritage néocolonial controversé

Le franc CFA, abréviation de « Communauté Financière Africaine », est bien plus qu'une simple monnaie ; il est un symbole de servitude économique et de contrôle colonial. Son histoire est profondément enracinée dans les dynamiques de domination économique imposées par la France sur ses anciennes colonies africaines, et son impact reste significatif dans les réalités post-coloniales.

- **Contexte historique de la création du franc CFA**

La création du franc CFA en 1945 est un acte stratégique de la France visant à renforcer sa domination économique sur ses colonies après la Seconde Guerre mondiale. À cette époque, la France, en proie à la reconstruction, cherchait non seulement à stabiliser les économies de ses colonies, mais aussi à préserver son emprise économique en Afrique. En établissant le franc CFA, la France a conçu un outil pour maintenir un contrôle direct sur les économies coloniales en offrant une monnaie liée au franc français, garantissant ainsi une stabilité illusoire mais sous contrôle. Verschave (2003), met en évidence que la création du franc CFA n'était pas une simple démarche pour stabiliser les économies locales, mais un moyen de maintenir les anciennes colonies sous l'influence française, consolidant ainsi un système économique asymétrique où les intérêts français demeuraient prééminents. Avant cette monnaie, les colonies utilisaient diverses monnaies, ce qui créait des disparités économiques et des difficultés pour la France, qui cherchait à centraliser et contrôler les échanges commerciaux. La Loi du 26 décembre 1945, qui a institué le franc CFA, visait à offrir une parité fixe avec le franc français. En introduisant cette monnaie, la France a non seulement stabilisé les économies coloniales, mais a également ancré ces dernières dans une relation de dépendance économique, sous prétexte de prévoyance monétaire.

- **Évolution du franc CFA au fil des décennies**

Au cours des décennies suivantes, le franc CFA a connu plusieurs transformations importantes, reflétant les changements politiques et économiques dans les anciennes colonies françaises. Après l'indépendance des pays africains dans les années 1960, la monnaie a été modifiée pour répondre aux nouvelles réalités politiques tout en maintenant ses principes de stabilité.

Ere postindépendance : L'indépendance des pays africains dans les années 1960 n'a pas marqué la fin de la domination monétaire française, mais plutôt une réorganisation sous de nouvelles formes. Le franc CFA a été divisé en deux zones monétaires : l'Union Économique et Monétaire Ouest-Africaine (UEMOA) et l'Union Économique de l'Afrique Centrale (CEMAC). Cette division visait à créer une apparence d'autonomie tout en maintenant un contrôle économique sous-jacent. Verschave (2003), explique que, malgré la séparation en deux zones monétaires, le franc CFA a continué à servir les intérêts français en conservant une parité fixe avec le franc français. Les institutions créées, comme la BCEAO et la BEAC, ont été conçues pour gérer cette monnaie tout en garantissant que les politiques économiques des anciennes colonies restent alignées avec ceux de la France. Le journal français Le monde (2028) ajoute que le maintien de cette relation monétaire avec l'euro, depuis 1999, a continué à renforcer la dépendance économique des pays africains vis-à-vis des puissances européennes, tout en préservant une stabilité qui bénéficie principalement aux économies européennes, et non aux économies locales.

Adoption de l'euro : La transition du franc CFA vers l'euro en 1999 est une étape clé dans la continuité de l'influence française. Bien que le Franc CFA ait changé de lien monétaire, passant du Franc français à l'euro, cette évolution a surtout servi à maintenir une stabilité monétaire en faveur des intérêts européens, tout en perpétuant la servitude économique des pays africains. Jacquemot (2017) souligne que cette transition était une adaptation nécessaire pour intégrer les économies africaines dans le cadre économique européen, mais elle a également consolidé le contrôle européen sur ces économies. Bakoup et Ndoyé

(2016) notent que cette continuité a entraîné des répercussions sur la gestion des réserves de change et les politiques monétaires, faisant en sorte que les économies africaines restent vulnérables aux fluctuations économiques dictées par l'Europe.

- **Rôles joués par le franc CFA dans les Colonies Françaises**

Pour comprendre l'impact du franc CFA, il est essentiel d'examiner son rôle dans les colonies françaises et comment il a influencé les économies locales. Pendant la période coloniale, le franc CFA a servi de moyen pour la France de maintenir un contrôle économique significatif tout en apportant une stabilité monétaire illusoire aux territoires coloniaux.

Stabilité monétaire comme outil de contrôle : Le franc CFA, en tant que monnaie, a été utilisé pour offrir une stabilité apparente aux colonies françaises, mais cette stabilité servait avant tout à renforcer le contrôle économique de la France. Gérardin (1989) montre que le franc CFA a non seulement stabilisé les économies locales mais a également intégré ces économies dans un système monétaire colonial, servant les intérêts français plutôt que ceux des colonies elles-mêmes.

Contrôle économique français : L'introduction du franc CFA a permis à la France de maintenir un contrôle économique substantiel sur ses colonies. Selon Gérardin (1989), en garantissant la monnaie par la Banque de France, la France a pu exercer une surveillance rigoureuse sur les politiques économiques des colonies, en s'assurant que ces politiques favorisent les intérêts français et non le développement autonome des économies locales.

- **Impact du franc CFA sur les économies africaines depuis l'indépendance**

Après l'indépendance, le franc CFA est devenu un symbole de la persistance du contrôle économique colonial sous une nouvelle forme. Les défis économiques rencontrés par les pays utilisant le franc CFA sont en grande partie attribuables aux contraintes imposées par cette monnaie, qui limitent leur autonomie économique.

Défis économiques : Les pays africains utilisant le franc CFA ont souvent été confrontés à des défis majeurs en raison des rigidités imposées par le système monétaire. Bakoup et Ndoyé (2016) expliquent que l'incapacité d'ajuster la monnaie en réponse aux crises économiques, comme la chute des prix des matières premières, a entravé le développement économique autonome des pays concernés.

Aspects favorables et défavorables du franc CFA : Guillaumont et Guillaumont (1974) notent que le franc CFA a apporté une certaine stabilité économique, mais cette stabilité a été obtenue au prix d'une perte de souveraineté monétaire. Les pays africains ont souvent eu du mal à mettre en œuvre des politiques économiques adaptées à leurs besoins en raison des contraintes imposées par le franc CFA.

- **Critiques constructives et réformes du franc CFA**

Depuis son adoption, le franc CFA a été au centre de vives controverses, suscitant de nombreuses critiques sur son impact économique et social. Cette monnaie, bien que conçue pour offrir une stabilité économique, est également perçue comme un instrument de contrôle qui perpétue la dépendance économique des pays africains vis-à-vis de la France et, plus largement, des puissances européennes. Les critiques se concentrent sur la manière dont le franc CFA limite l'autonomie économique et le développement des pays africains, et sur les propositions visant à réformer ou remplacer cette monnaie pour mieux répondre aux besoins locaux.

Appels à la réforme : Depuis plusieurs années divers économistes, politiciens, activistes et mouvements sociaux en Afrique ont exprimé des critiques croissantes du franc CFA, appelant à des réformes fondamentales. Ces critiques soulignent que le franc CFA impose des contraintes sévères sur les politiques économiques des pays africains, les empêchant de répondre aux défis économiques locaux.

Un des principaux arguments en faveur de la réforme est que le franc CFA fixe une parité rigide avec l'euro, ce qui limite la flexibilité monétaire des pays africains. Cette rigidité empêche les pays d'ajuster leur politique monétaire en fonction de leurs besoins économiques spécifiques. Par exemple, lors de crises économiques telles que la chute des prix du pétrole en 2014, les pays utilisant le franc CFA n'ont pas pu dévaluer leur monnaie pour stimuler les exportations ou soutenir leur économie interne, ce qui a exacerbé les difficultés économiques. Ibrahim (2020) argue que cette absence de flexibilité limite gravement la capacité des pays à gérer leurs économies de manière autonome et efficace. En outre, le système actuel permet à la France de maintenir un contrôle significatif sur les politiques monétaires des pays africains. La France continue de garantir la convertibilité du franc CFA, ce qui signifie que les décisions économiques et monétaires des pays africains doivent être alignées avec les intérêts français et européens. Bakoup et Ndoyé (2016) proposent la création de monnaies régionales indépendantes pour offrir aux pays africains une plus grande autonomie économique. Une telle réforme permettrait aux États africains de concevoir des politiques monétaires adaptées à leurs propres réalités économiques et de favoriser un développement plus autonome, en rompant avec l'influence néocoloniale. Les réformes pourraient aussi viser à restructurer le système bancaire et monétaire afin de renforcer la souveraineté économique des pays africains. Par exemple, la mise en place d'une Banque Centrale régionale indépendante pourrait permettre aux pays africains de gérer leurs propres politiques monétaires sans intervention extérieure. Cette indépendance est perçue comme un moyen de renforcer la résilience économique et d'améliorer les capacités de réponse aux crises économiques locales.

Propositions d'alternatives : En réponse aux critiques du franc CFA, plusieurs alternatives ont été proposées pour remplacer ou réformer le système monétaire actuel. Ces propositions visent à offrir aux pays africains une plus grande liberté économique et à réduire leur dépendance vis-à-vis des puissances européennes. Une alternative notable est l'introduction de monnaies nationales pour chaque pays africain, remplaçant le franc CFA. Cette approche permettrait à chaque pays de gérer sa propre politique monétaire en fonction de ses besoins spécifiques. Guillaumont et Guillaumont (1974) suggèrent que des monnaies nationales pourraient aider les pays africains à mieux refléter leurs réalités économiques et politiques. En ayant leur propre monnaie, ces pays pourraient adapter leur politique monétaire à leurs conditions locales, stimuler leur économie intérieure, et améliorer leur résilience face aux chocs économiques internationaux.

Une autre proposition est la création de monnaies régionales indépendantes, qui pourraient remplacer le franc CFA tout en offrant une plus grande cohésion économique entre les pays africains. La mise en place de telles monnaies régionales permettrait aux pays d'adopter des politiques monétaires coordonnées tout en conservant une certaine autonomie. Les monnaies régionales pourraient mieux répondre aux réalités économiques de chaque région tout en facilitant les échanges commerciaux entre les pays membres. Par exemple, la création d'une monnaie unique pour l'Afrique de l'Ouest ou l'Afrique Centrale pourrait permettre une intégration économique plus profonde tout en réduisant la dépendance vis-à-vis des puissances extérieures.

Les propositions d'alternatives englobent également des initiatives visant à réformer le système monétaire actuel tout en conservant certaines caractéristiques qui garantissent la stabilité. Des suggestions comme l'introduction de mécanismes de flexibilité dans le système du franc CFA pourraient permettre aux pays africains de mieux ajuster leur politique monétaire aux réalités économiques changeantes. Cependant, ces réformes nécessitent une négociation franche avec les partenaires européens et une volonté politique forte de la part des pays africains.

En résumé, les critiques formulées à l'encontre du franc CFA et les suggestions de réforme témoignent d'une prise de conscience croissante chez les décideurs politiques, les économistes et la société civile quant à l'urgence de reconsidérer le système monétaire actuel. Ce réexamen vise à mieux servir les intérêts économiques des pays africains, qui aspirent à une véritable autonomie. Les appels à la réforme ne sont pas seulement des revendications économiques, mais également des manifestations d'un désir profond de souveraineté et de dignité. La création d'un système monétaire alternatif qui reflète les réalités économiques et sociales des pays africains est essentielle pour rompre avec les héritages du colonialisme économique. Cela impliquerait de redéfinir les relations monétaires sur le continent, favorisant des échanges plus équitables et durables. En fin de compte, ces réformes pourraient non seulement renforcer la souveraineté économique des États africains, mais également ouvrir la voie à un développement inclusif et durable, permettant aux nations africaines de prendre en main leur avenir économique.

2. Mécanismes et limitations du franc CFA

Le franc CFA, introduit en 1945, a été conçu pour « stabiliser » les économies des anciennes colonies françaises en Afrique. Bien que son fonctionnement repose sur des mécanismes censés favoriser la sécurité monétaire et la coopération économique entre les pays membres, une analyse approfondie révèle des limitations significatives. Ces contraintes soulignent non seulement la dépendance économique persistante de ces nations vis-à-vis de la France, mais aussi les défis structurels qui entravent leur développement autonome. Dans cette section, nous explorerons les mécanismes du franc CFA et mettrons en lumière les limitations qui compromettent l'indépendance économique des pays concernés, notamment en ce qui concerne leur capacité à adopter des politiques monétaires adaptées à leurs réalités locales.

- **Mécanisme monétaire et controverse du CFA**

Un mécanisme monétaire désigne l'ensemble des règles, institutions et pratiques régissant la création, la circulation et la gestion de la monnaie dans une économie, englobant des aspects tels que la politique monétaire, les taux de change et la régulation bancaire. Crucial pour la stabilité économique d'un pays, ce mécanisme influence directement l'inflation, la croissance et l'emploi. Il joue un rôle clé dans la stabilité des prix et la préservation du pouvoir d'achat, ce qui réduit l'incertitude économique et encourage les investissements.

Une politique monétaire efficace aide à contrôler l'inflation en ajustant les taux d'intérêt et en régulant l'offre monétaire, tout en facilitant les transactions commerciales grâce à un système de paiements sécurisé.

En fournissant un cadre stable pour la création de crédit et d'investissement, un bon mécanisme monétaire stimule le développement économique à long terme. Lorsqu'il est bien conçu, il offre flexibilité pour répondre rapidement aux chocs économiques, inspire confiance aux investisseurs étrangers, favorise l'innovation et contribue à la réduction des inégalités.

En somme, un mécanisme monétaire efficace est fondamental pour le bon fonctionnement d'une économie, garantissant la stabilité, le contrôle de l'inflation, et favorisant le développement et l'innovation tout en renforçant la confiance des acteurs économiques. En ce sens que dirons-nous du mécanisme construit autour du franc CFA ?

- **Structure du franc CFA : Un système monétaire entre stabilité illusoire et dépendance économique**

La structure du franc CFA, bien qu'initialement conçue pour stabiliser les économies des anciennes colonies françaises, soulève aujourd'hui de nombreuses limites quant à son efficacité et à son impact sur l'autonomie économique des pays qui l'utilisent. L'un des principaux points réside dans le fait que ce mécanisme monétaire est ancré dans un système de dépendance vis-à-vis de la France. En effet, la garantie de convertibilité du franc CFA par le Trésor français signifie que les États membres sont tenus de maintenir une réserve de 50 % de leurs devises en France. Cela limite considérablement leur capacité à mener des politiques monétaires indépendantes, car les pays sont souvent contraints de suivre les directives de la France, qui peut ne pas toujours aligner ses intérêts avec ceux des économies locales. Cette rigidité se traduit par une incapacité à adapter les taux d'intérêt et les politiques monétaires aux besoins spécifiques de chaque pays. Par exemple, lorsque l'un de ces États est confronté à une crise économique, il ne peut pas ajuster son taux d'intérêt pour stimuler l'investissement ou contrôler l'inflation de manière indépendante. Par conséquent, les gouvernements sont souvent contraints d'appliquer des mesures économiques qui ne tiennent pas compte de la réalité locale, aggravant ainsi les problèmes économiques existants tels que l'inflation, le chômage et la pauvreté. Plutôt que de favoriser un développement autonome, la structure du franc CFA perpétue une situation de dépendance qui empêche une véritable autonomie économique.

De plus, le système impose des contraintes budgétaires strictes qui limitent la capacité des États à investir dans des secteurs clés comme l'éducation, la santé et les infrastructures. En effet, la rigueur budgétaire exigée par le système de franc CFA conduit souvent à des coupes dans les dépenses publiques, privant les citoyens d'un accès adéquat aux services de base. Les investissements publics nécessaires pour stimuler la croissance économique sont ainsi sacrifiés au profit d'une discipline budgétaire qui ne profite pas aux populations locales. Cette situation exacerbe les inégalités économiques et sociales, freinant le progrès et soulevant des questions sur la justice et l'équité du système.

Enfin, la structure du franc CFA est souvent perçue comme un héritage néocolonial, où les pays africains semblent encore être sous l'emprise des puissances étrangères. Les critiques avancent que ce système symbolise un contrôle économique qui entrave l'affirmation de la souveraineté des pays africains. Les politiques économiques imposées par le cadre du franc CFA peuvent apparaître comme des résidus d'un passé colonial, où les décisions économiques des nations africaines sont soumises aux intérêts de la France. Cela empêche les pays de développer des solutions économiques adaptées à leurs contextes locaux et aux défis qu'ils rencontrent.

Dans un monde de plus en plus multipolaire, il est impératif que les pays africains réévaluent leur dépendance vis-à-vis de mécanismes monétaires tels que le franc CFA. Ce dernier, loin de soutenir leur développement, pourrait renforcer leur vulnérabilité économique à long terme. Les nations africaines doivent envisager des alternatives qui leur permettraient de restaurer leur souveraineté monétaire, de promouvoir des politiques économiques adaptées à leurs réalités et de garantir un développement inclusif et durable pour l'ensemble de leur population.

- **Contexte historique : Une volonté manifeste de contrôler et dominer les économies des pays africains**

Le franc CFA représente bien plus qu'une simple monnaie utilisée dans plusieurs pays d'Afrique de l'Ouest et du Centre. Il est le fruit d'une volonté manifeste de contrôler et dominer les économies africaines depuis la colonisation. Cette domination monétaire, initiée au début du XXe siècle, s'est articulée autour de divers mécanismes financiers et bancaires qui, malgré les changements de contexte historique, ont perpétué la tutelle française sur les économies africaines. Pour bien comprendre l'étendue de ce contrôle, il est nécessaire de retracer l'évolution du système monétaire colonial depuis ses origines.

1. Le franc Français et les Colonies Africaines avant 1929 : Un instrument de centralisation

Avant la réforme de 1929, les colonies africaines utilisaient directement le franc français, une monnaie qui était gérée depuis la métropole. Ce contrôle monétaire direct permettait à la France de centraliser les décisions économiques et de s'assurer que les besoins de sa propre économie priment sur ceux des colonies (Kalife, 2016). Les fluctuations de la monnaie, les dévaluations et les ajustements n'étaient jamais pensés pour protéger les intérêts économiques des colonies, mais pour stabiliser et renforcer l'économie de la métropole. La gestion des finances des colonies, sans aucune autonomie locale, est révélatrice de la volonté de la France de s'assurer que toute activité économique dans ses colonies, des échanges commerciaux aux investissements, reste sous son contrôle exclusif (Kalife, 2016).

2. La réforme de 1929 et la Banque de l'Afrique Occidentale (BAO): L'illusion d'une Banque autonome

Avec la loi du 29 janvier 1929, la gestion monétaire des Colonies d'Afrique Subsaharienne a été transférée à la Banque de l'Afrique Occidentale (BAO), une banque créée spécifiquement pour émettre la monnaie dans les colonies africaines. Cependant, cette nouvelle structure n'a fait qu'instaurer une façade d'autonomie. En réalité, la BAO, bien que distincte de la Banque de France, restait soumise aux règles et directives strictes de la métropole (Kalife, 2016). L'obligation d'adosser les émissions monétaires à des réserves d'or en respectant la règle de trois unités de monnaie pour chaque unité d'or restait un mécanisme de contrôle rigoureux (Kalife, 2016). La Banque de France supervisait l'ensemble du processus, s'assurant ainsi que la gestion de la monnaie dans les colonies reste conforme aux objectifs de stabilité de la France, tout en réduisant la capacité des autorités locales à intervenir. Le système de l'étalon-or, censé assurer une stabilité monétaire, servait également à garantir que les colonies ne pourraient jamais émettre plus de monnaie qu'autorisée, limitant ainsi leur marge de manœuvre financière et les empêchant de développer leurs propres politiques monétaires indépendantes.

3. Le franc germinal et ses dévaluations : Un système de dépendance économique

L'histoire du franc français, remontant au franc germinal de 1803, illustre un autre aspect du contrôle monétaire de la France sur ses colonies. Le franc germinal, basé sur une parité fixe d'or (1 franc = 290,32 mg d'or fin), a subi plusieurs révisions, notamment au début du XXe siècle. En 1928, sous l'impulsion de Raymond Poincaré, la parité fut drastiquement réévaluée à 58,95 mg d'or fin pour restaurer la confiance dans le franc, affaiblie par la Première Guerre mondiale et l'instabilité politique (Kalife, 2016). Cependant, ces ajustements décidés à Paris se faisaient sans considération des conséquences économiques dans les colonies. Lorsque le franc français subissait des dévaluations pour s'adapter aux exigences économiques internes de la France, les colonies en supportaient directement les conséquences. Les économies africaines, qui n'avaient aucun contrôle sur ces décisions, se retrouvaient exposées à des chocs économiques violents et à une perte de pouvoir d'achat, réduisant encore davantage leur capacité à se développer indépendamment.

4. Les Accords de Bretton Woods et la création du franc CFA : La pérennisation du contrôle monétaire

La Seconde Guerre mondiale a provoqué un bouleversement des systèmes monétaires à l'échelle mondiale. Les Accords de Bretton Woods de 1944, qui ont marqué la naissance du système Gold Exchange Standard, ont établi le dollar américain comme nouvelle monnaie de réserve internationale, en remplacement de l'or. C'est dans ce contexte que le franc CFA a été créé le 26 décembre 1945. Officiellement, cette nouvelle monnaie était destinée à stabiliser les économies africaines après la guerre. En réalité, elle n'a fait que renforcer la dépendance économique des colonies vis-à-vis de la France, en institutionnalisant un cadre de contrôle encore plus strict (Kalife, 2016). Le franc CFA, bien qu'introduit sous le prétexte d'apporter une stabilité monétaire et de faciliter le commerce dans la région, s'est révélé être un outil stratégique pour maintenir les économies africaines dans l'orbite de la France. Chaque aspect de cette monnaie, de sa gestion par la Banque de France au dépôt obligatoire des réserves africaines auprès du Trésor français, illustre la volonté de la France de s'assurer que les économies de ses anciennes colonies restent sous sa coupe, même après la décolonisation officielle (Kalife, 2016).

5. Répercussions actuelles : Subordination monétaire et entraves à la souveraineté

Aujourd'hui, la structure du franc CFA repose toujours sur ces bases historiques. Les réserves de change des pays de la zone franc sont encore déposées à hauteur de 50% auprès du Trésor français, via les comptes d'opérations. Ce mécanisme maintient un contrôle direct sur les politiques monétaires de ces pays. De plus, les Banques Centrales africaines (BCEAO et BEAC) doivent s'aligner sur les directives de la Banque Centrale Européenne (BCE), ce qui restreint leur capacité à ajuster leurs taux d'intérêt selon les réalités locales. Cette subordination a des conséquences graves : impossibilité de mener une politique monétaire active, vulnérabilité accrue aux fluctuations de l'euro, et perte de compétitivité des économies locales. Tous ces éléments montrent qu'au-delà d'être une simple monnaie, le franc CFA est un instrument de contrôle, perpétuant la domination économique de la France et empêchant les pays africains de se doter d'une véritable souveraineté économique.

En somme, la structure actuelle du franc CFA n'est pas le fruit d'une simple évolution monétaire, mais le résultat d'une stratégie délibérée visant à contrôler et dominer les économies africaines. En dépit des discours sur la réforme et l'autonomie, cette monnaie reste le symbole d'un héritage néocolonial, empêchant les pays de la zone franc d'exercer pleinement leur souveraineté dont en pratique, les Banques Centrales africaines sont également les instruments d'une influence extérieure, principalement de la France, qui continue de jouer un rôle significatif dans la régulation monétaire des anciennes colonies (Kalife, 2016).

- **Rôle restrictif de la BEAC et BCEAO : D'une tutelle monétaire à une dépendance structurelle des pays de la zone franc perpétuée par la France.**

Le franc CFA est géré par deux institutions distinctes en fonction de la zone géographique : la Banque centrale des États de l'Afrique de l'Ouest (BCEAO) pour les huit pays de l'Union économique et monétaire ouest-africaine (UEMOA) et la Banque des États de l'Afrique centrale (BEAC) pour les six pays de la Communauté économique et monétaire de l'Afrique centrale (CEMAC). Ces deux institutions, bien qu'affichant une apparente autonomie, sont en réalité fortement influencées par la France et fonctionnent selon des règles qui perpétuent la domination financière et économique de la métropole. Cette partie vise à mettre en lumière les dysfonctionnements, l'absence d'indépendance et les impacts négatifs des décisions de ces deux institutions sur les économies des pays de la zone Franc (Kalife, 2016).

1. Manque d'autonomie institutionnelle

L'un des principaux points de critique envers la BCEAO et la BEAC est le manque flagrant d'autonomie dans la gestion monétaire. Bien qu'elles soient les banques centrales officielles de leurs régions respectives, ces institutions ne disposent pas de la pleine souveraineté sur leur politique monétaire. Cela s'explique par leur subordination à la Banque de France, qui conserve un rôle prédominant à travers le Comité de Politique Monétaire (CPM). Les représentants français y siègent et ont un droit de veto sur toutes les grandes décisions, y compris les modifications des taux d'intérêt et les orientations stratégiques (Kalife, 2016). La présence de ce droit de veto est la preuve de l'influence écrasante de la France sur ces banques centrales, malgré les déclarations d'indépendance de façade. En réalité, cette organisation empêche les banques centrales africaines de mener une politique monétaire proactive et adaptative aux besoins des économies locales, leur imposant des restrictions en matière de taux de change et de liquidité. Ce carcan institutionnel limite leur capacité à utiliser des outils monétaires traditionnels pour gérer l'inflation, stimuler la croissance ou faire face aux crises économiques.

2. Dépendance aux réserves déposées auprès du Trésor français

Parmi les critiques les plus virulentes, le mécanisme du dépôt des réserves de change figure en première ligne. La BCEAO et la BEAC doivent déposer 50 % de leurs réserves de change auprès du Trésor français dans un compte spécial, appelé « compte d'opérations ». Ce mécanisme, mis en place à l'origine pour garantir la stabilité de la monnaie, est aujourd'hui un outil de contrôle direct de la France sur la gestion monétaire des pays de la zone Franc. Ce dépôt obligatoire signifie que les pays de la BCEAO et de la BEAC perdent une part significative de leur souveraineté financière. Non seulement ces fonds sont en grande partie indisponibles pour financer le développement économique local, mais en plus, le processus de retrait de ces réserves est soumis à des conditions strictes, nécessitant l'approbation de la Banque de France. Cette situation rend les banques centrales africaines dépendantes d'un acteur extérieur pour leur propre liquidité, ce qui limite leur marge de manœuvre en cas de crise économique ou de besoin de financement urgent (Kalife, 2016). En outre, ce système favorise la France en lui fournissant un accès direct à des ressources financières importantes, qu'elle peut utiliser comme bon lui semble, tant qu'elles sont déposées sur son territoire. Cette structure de dépendance est une survivance de l'époque coloniale qui empêche les économies africaines d'utiliser pleinement leurs réserves pour stimuler l'investissement domestique.

3. Politiques de change et impact sur la compétitivité économique

La politique de change fixe, arrimant le franc CFA à l'euro, est souvent présentée comme un gage de stabilité pour les pays de la zone franc. Toutefois, cette stabilité a un coût élevé. Étant donné que la BCEAO et la BEAC n'ont pas la possibilité de modifier la parité entre le franc CFA et l'euro sans l'approbation de la Banque de France, les fluctuations de l'euro sur les marchés internationaux se répercutent directement sur les économies africaines. Lorsque l'euro est fort, comme cela a souvent été le cas au cours des deux dernières décennies, le franc CFA se renchérit par rapport à d'autres monnaies, rendant les exportations africaines moins compétitives. Les producteurs locaux se retrouvent donc pénalisés, car leurs produits deviennent plus chers sur le marché international, affectant les secteurs agricoles et industriels. À l'inverse, une faiblesse de l'euro peut entraîner des mouvements de capitaux spéculatifs, perturbant les équilibres financiers. Ce lien rigide avec l'euro prive les pays de la zone franc d'un ajustement de change plus souple, adapté à leurs réalités économiques, augmentant ainsi leur vulnérabilité face aux chocs externes (Kalife, 2016).

4. Rigidité des politiques monétaires : Absence de flexibilité pour les économies locales

La BCEAO et la BEAC sont souvent critiquées pour leur incapacité à adapter leurs politiques monétaires aux besoins spécifiques des économies locales. Contrairement aux banques centrales indépendantes qui disposent de divers outils pour influencer la masse monétaire (taux d'intérêt, réserves obligatoires, interventions sur le marché des changes, etc.), la BCEAO et la BEAC sont restreintes par leur dépendance à la Banque de France et à la BCE. Cela signifie qu'elles doivent en grande partie se conformer aux décisions de la Banque Centrale Européenne (BCE), qui, en tant que gestionnaire de la politique monétaire de l'euro, ne prend jamais en compte les spécificités africaines dans ses calculs. Par exemple, en période de crise économique ou de récession, la BCE pourrait décider d'augmenter les taux d'intérêt pour contenir l'inflation en Europe, ce qui se traduirait par une politique monétaire restrictive également imposée dans les pays de la zone franc. Pour ces pays, où les économies sont souvent en proie à la stagnation ou à des besoins de croissance, cette politique restrictive est tout simplement contre-productive. L'absence de pouvoir décisionnel local empêche la BCEAO et la BEAC d'ajuster leurs politiques pour soutenir l'emploi ou le développement économique, ce qui aggrave les déséquilibres macroéconomiques.

5. Gouvernance et transparence : Une structure opaque

Un autre problème majeur est le manque de transparence et la mauvaise gouvernance au sein de ces institutions. Les décisions clés, bien que formellement prises au niveau régional, sont souvent influencées en coulisses par la France, ce qui soulève des questions sur la véritable indépendance de ces banques. De plus, les informations sur les comptes d'opérations et la gestion des réserves ne sont pas toujours rendues publiques, laissant les pays membres dans l'incertitude quant à la gestion de leurs propres fonds. Cette opacité favorise la méfiance et la perception que la BCEAO et la BEAC agissent plus dans l'intérêt de la France que pour celui de leurs pays membres. Le manque de responsabilisation des dirigeants de ces banques centrales, combiné à l'absence de contrôle démocratique sur leurs actions, crée un climat d'inefficacité et de suspicion, affaiblissant la légitimité de ces institutions aux yeux des populations locales.

En résumé, la BCEAO et la BEAC, loin d'être des outils de développement pour les économies africaines, sont des instruments de perpétuation de la domination monétaire française. Leur manque d'autonomie, leur dépendance aux réserves déposées en France, leur rigidité face aux fluctuations de l'euro et leur gouvernance opaque sont autant de facteurs qui limitent leur capacité à promouvoir une véritable croissance économique et une souveraineté monétaire pour les pays africains. Ces critiques montrent la nécessité de repenser le rôle et les mécanismes de ces institutions si les pays de la zone franc veulent véritablement rompre avec le passé colonial et embrasser une autonomie économique durable.

- **Franc CFA : Instrument de contrôle économique**

Le système du franc CFA, souvent présenté par ses défenseurs comme un garant de la stabilité économique dans les pays africains membres, joue en réalité un rôle de contrôle économique indirect mais puissant sur les économies locales. Loin d'être simplement une question de gestion monétaire, le franc CFA incarne une forme de domination économique qui limite la souveraineté et la capacité des États africains à déterminer leur propre avenir financier. Cette influence se manifeste par plusieurs mécanismes de régulation, de parité et de gestion centralisée, qui placent les économies de la zone CFA dans une dépendance structurelle vis-à-vis de la France.

1. Parité fixe avec l'Euro : Un piège économique

Selon Nubukpo (2015), l'un des aspects les plus révélateurs du contrôle exercé par le système CFA est la parité fixe entre le franc CFA et l'euro. Depuis l'introduction de l'euro en 1999, le taux de change est resté figé à 1 euro = 655,957 francs CFA. Ce lien rigide empêche les pays de la zone franc de pratiquer des dévaluations compétitives ou d'ajuster la valeur de leur monnaie en fonction de leurs réalités économiques. Cela pose un réel problème pour plusieurs raisons :

- **Perte de flexibilité monétaire** : En temps de crise économique, les pays utilisant leur propre monnaie peuvent ajuster leur taux de change pour stimuler les exportations et attirer les investissements. Les pays de la zone CFA, en revanche, sont contraints de subir les chocs économiques sans la possibilité de réagir par une dévaluation, ce qui exacerbe les tensions économiques internes.

- **Exposition aux fluctuations de l'euro** : La parité fixe rend ces économies extrêmement vulnérables aux fluctuations de l'euro. Si la monnaie européenne s'apprécie, cela rend les produits africains plus chers sur le marché international, réduisant leur compétitivité. Inversement, lorsque l'euro se déprécie, cela peut rendre les importations coûteuses, affectant négativement le coût de la vie et les finances publiques. En d'autres termes, la parité fixe se transforme en un piège économique, rendant les économies de la zone CFA tributaires des politiques monétaires décidées à Francfort par la Banque Centrale Européenne (BCE), sans possibilité d'influence ni de contrepoids.

2. Gestion centralisée des réserves de change

La gestion des réserves de change des pays de la zone CFA constitue un autre mécanisme de contrôle. Selon le système en place, 50 % des réserves de change de chaque pays membre doivent être déposées dans un compte d'opérations logé auprès du Trésor français (Nubukpo, 2015). Cette obligation soulève plusieurs problèmes majeurs :

- **Assujettissement économique** : En confiant une partie substantielle de leurs réserves à un État étranger, les pays de la zone Franc renoncent à une partie de leur autonomie. Ils deviennent dépendants de la France pour la gestion de leurs avoirs, ce qui réduit leur marge de manœuvre pour financer des projets de développement ou réagir en cas de crise économique.

- **Incertitude sur la disponibilité des fonds** : En théorie, ces fonds doivent être disponibles pour soutenir la parité fixe du Franc CFA, mais en pratique, l'accès à ces réserves est conditionné par l'accord de la France. Cela renforce la position de force de Paris sur les décisions économiques majeures des pays de la zone Franc.

- **Absence de contrôle souverain** : La gestion de ces fonds est décidée sans consultation des États africains concernés. En d'autres termes, bien que ces réserves appartiennent aux pays africains, leur gestion est effectuée de manière unilatérale par la France, ce qui revient à une forme de délégation de souveraineté non consentie.

3. Politique monétaire dictée par la France : Un carcan pour le développement

Les deux banques centrales responsables du franc CFA, bien qu'elles soient situées sur le continent africain, fonctionnent en réalité sous l'influence étroite de la France, comme expliqué précédemment. Puisque leurs politiques monétaires doivent s'aligner sur celles de la Banque Centrale Européenne, selon des modalités décidées en grande partie à Paris (Nubukpo, 2015). Cela entraîne plusieurs conséquences :

- **Impossibilité d'adopter des politiques de soutien à la croissance** : Les banques centrales africaines, en raison de leur obligation de maintenir une parité fixe, se retrouvent dans l'incapacité d'adopter des politiques monétaires expansionnistes, même en période de récession économique. Cela empêche les États membres de stimuler l'activité économique par la réduction des taux d'intérêt ou par des émissions de monnaie supplémentaires.

- **Encouragement à l'austérité** : Pour maintenir la stabilité de la parité, les pays de la zone franc sont souvent encouragés à adopter des mesures d'austérité, réduction des dépenses publiques, augmentation des taxes même si ces décisions freinent le développement et provoquent des tensions sociales. Cette approche s'inscrit dans une logique de priorisation de la stabilité financière sur le bien-être socio-économique, ce qui freine l'émergence de véritables stratégies de développement à long terme.

4. Effet de vassalisation économique : Un retour à l'ordre colonial

La structure actuelle du franc CFA peut être interprétée comme un outil de vassalisation économique, prolongeant le lien de subordination hérité de l'époque coloniale. Malgré l'indépendance politique formelle, les pays africains restent sous la tutelle économique de leur ancienne puissance coloniale à travers ce système monétaire (Nubukpo, 2015). Cette tutelle néocoloniale se manifeste de plusieurs façons :

- **Imposition de décisions économiques** : en limitant la liberté des pays membres à mener leurs propres politiques monétaires et économiques, le système du franc

CFA contraint les États africains à des choix dictés en grande partie par les intérêts français.

- **Empêchement de diversification économique** : Le franc CFA, en maintenant une parité fixe, décourage les investissements locaux et freine la diversification économique. Les économies restent dépendantes de la production de matières premières, sans possibilité de monter en gamme dans la chaîne de valeur, ce qui pérennise la dépendance économique envers la France et les marchés internationaux.

En conclusion, le Franc CFA est bien plus qu'une simple monnaie : c'est un instrument de contrôle économique sophistiqué, ancré dans une architecture qui perpétue la domination française sur ses anciennes colonies. Ce contrôle s'exerce à travers une parité fixe qui piège les économies africaines, une gestion centralisée des réserves qui limite leur souveraineté, et une politique monétaire dictée par la France, freinant ainsi toute tentative d'indépendance économique.

- **Implications du mécanisme du franc CFA sur la politique monétaire tchadienne**

Le système monétaire du franc CFA, auquel le Tchad est lié par le biais de la Banque des États de l'Afrique centrale (BEAC), entraîne des répercussions profondes sur sa politique monétaire et économique. Tout d'abord, il entraîne une perte de souveraineté monétaire, car le Tchad ne peut pas mener de politiques adaptées à ses besoins spécifiques. Ses décisions monétaires sont dictées par la BEAC, qui prend en compte les intérêts globaux de la CEMAC, souvent au détriment des priorités nationales du Tchad. Par conséquent, la politique économique du pays est restreinte, nuisant à sa capacité de réponse rapide aux défis économiques internes. De plus, la dépendance vis-à-vis des institutions internationales, comme le Trésor français et l'Union Européenne, signifie que le Tchad a un contrôle limité sur ses réserves de change et reste lié à la parité fixe avec l'euro. Cela réduit considérablement son autonomie en matière de gestion économique et le rend vulnérable aux fluctuations externes, telles que les décisions de politique monétaire prises à Paris ou à Bruxelles, sans consultation ni prise en compte des réalités locales tchadiennes. En cas de crise économique, cette rigidité devient un handicap majeur. Le Tchad ne peut pas ajuster la valeur de sa monnaie pour amortir les chocs économiques, par exemple lors de la chute des prix du pétrole, principale source de revenus du pays. L'absence de dévaluation empêche également toute possibilité de rendre ses exportations plus compétitives, plongeant le pays dans des situations de récession prolongée. Enfin, le cadre rigide du franc CFA freine les investissements internes. L'obligation de déposer 50 % des réserves auprès du Trésor français, combinée à l'absence de flexibilité monétaire, limite les marges de manœuvre du Tchad pour financer des projets de développement ou encourager l'investissement local. En somme, bien que le système du franc CFA assure une stabilité monétaire, il contraint fortement le Tchad en matière de politiques économiques et de développement, rendant difficile toute action autonome visant à stimuler la croissance nationale.

3. Franc CFA et dépendance économique : Un Développement entravé depuis l'indépendance

Depuis son indépendance, le Tchad a traversé des décennies marquées par une instabilité économique chronique et un développement structurellement faible. L'utilisation du franc CFA a joué un rôle clé dans cette trajectoire, contribuant à une situation où la stabilité monétaire, souvent vantée comme un avantage, s'est accompagnée d'une stagnation économique et d'une dépendance accrue. Contrairement aux promesses de prospérité économique associées à la parité fixe et à la convertibilité illimitée du franc CFA, le Tchad n'a pas connu de croissance soutenue, mais plutôt une vulnérabilité face aux fluctuations de ses principales sources de revenus, notamment les exportations de pétrole et de coton.

L'arrimage du franc CFA, d'abord au franc français puis à l'euro, a figé le cadre économique du pays, limitant sa compétitivité sur les marchés internationaux. À chaque hausse de l'euro, les produits tchadiens devenaient moins attractifs, réduisant ainsi les recettes à l'exportation et créant un cercle vicieux de déficit commercial. Cette situation a été exacerbée par l'absence de mécanismes d'ajustement comme la dévaluation, qui pourrait soutenir l'économie en période de choc externe. Ainsi, le Tchad est resté piégé dans un système monétaire qui privilégie la stabilité sur la croissance, entravant ses efforts de diversification économique.

De plus, les restrictions imposées par le système du franc CFA, notamment le dépôt de 50 % des réserves de change auprès du Trésor français, ont réduit les capacités du Tchad à financer ses besoins de développement. Les autorités monétaires ne pouvant utiliser librement leurs propres réserves, le pays a souvent dû se tourner vers l'endettement extérieur pour financer des projets d'infrastructure ou faire face aux crises alimentaires. Ce recours systématique aux emprunts a amplifié le poids de la dette, aggravant la dépendance économique du Tchad vis-à-vis de ses créanciers internationaux.

En somme, bien que le franc CFA ait permis d'éviter une hyperinflation et assuré une certaine stabilité monétaire, il a simultanément étouffé les marges de manœuvre économiques du Tchad, rendant difficile tout décollage économique durable depuis l'indépendance. Le pays se retrouve ainsi dans un cadre où sa souveraineté économique est fortement limitée, avec des perspectives de développement toujours bridées par un système monétaire hérité de l'époque coloniale.

- **Croissance économique : Analyse des tendances économiques au Tchad depuis son indépendance**

Depuis son accession à l'indépendance en 1960, le Tchad a traversé des phases de croissance et de récession, influencées par divers facteurs économiques, politiques et environnementaux. Cette section explore les grandes tendances économiques du pays au fil des décennies et examine le rôle du franc CFA dans ces dynamiques.

Débuts de l'indépendance et la croissance initiale : À ses débuts en tant que nation indépendante, le Tchad a hérité d'une économie majoritairement axée sur l'agriculture et fortement dépendante de l'aide internationale. Durant cette période, les premières politiques de développement se concentraient sur l'expansion des infrastructures, la modernisation de l'agriculture et la promotion d'un développement industriel embryonnaire. Cependant, ces initiatives se sont heurtées à des contraintes majeures telles que le manque de capitaux, les faibles capacités institutionnelles et une instabilité politique récurrente. Selon Kolandi (2000), l'économie tchadienne, encore peu industrialisée, s'est révélée particulièrement vulnérable face aux fluctuations de l'aide extérieure et à la volatilité des marchés internationaux, ce qui a limité la progression économique initiale.

Crises et défis économiques des années 1980 et 1990 : Les décennies 1980 et 1990 ont été marquées par une succession de crises politiques et économiques. Les conflits internes, les guerres civiles et les fréquents changements de régime ont gravement affecté le tissu économique du pays, paralysant les investissements et perturbant les efforts de reconstruction. En réponse à cette instabilité, le Tchad a souvent dû recourir à l'aide internationale sous forme de prêts conditionnés à des programmes d'ajustement structurel imposés par les institutions financières internationales. Ces programmes ont entraîné des réductions drastiques des dépenses publiques, affectant les services sociaux et retardant les investissements en infrastructures. Magrin (2008) souligne que ces politiques, bien qu'ayant visé la stabilisation économique, ont paradoxalement accentué la vulnérabilité économique du Tchad en augmentant la dette extérieure et en exacerbant les inégalités.

Croissance économique post 2000 et la découverte des ressources minières : Le début des années 2000 a marqué une nouvelle phase pour l'économie tchadienne avec la découverte de vastes réserves de pétrole, qui ont transformé le pays en un producteur majeur en Afrique centrale. Ce boom pétrolier a initialement stimulé la croissance économique et attiré des investissements étrangers, créant l'espoir d'une prospérité renouvelée. Toutefois, cette manne pétrolière n'a pas été exploitée de manière optimale. Les revenus générés ont souvent été mal gérés, alimentant la corruption et renforçant les inégalités. De plus, la dépendance accrue aux recettes pétrolières a rendu l'économie vulnérable aux fluctuations des cours mondiaux du pétrole, ce qui a engendré une instabilité financière lors des baisses des prix (Magrin, 2008).

Défis récents et les efforts de diversification : Depuis les années 2010, le Tchad a entrepris des efforts pour diversifier son économie afin de réduire sa dépendance vis-à-vis du secteur pétrolier. Le Gouvernement a tenté d'encourager le développement de l'agriculture, du secteur manufacturier et des infrastructures. Cependant, ces initiatives ont été entravées par la faiblesse des institutions, les conditions climatiques extrêmes et la persistance des tensions régionales. L'absence de cadres réglementaires robustes et les défis structurels tels que l'insécurité et la corruption continuent de freiner la diversification économique. Magrin (2008) note que malgré ces tentatives, le Tchad reste fortement tributaire de ses exportations de pétrole, ce qui empêche une croissance véritablement inclusive et durable.

- **Influence du franc CFA sur les performances économiques du Tchad**

Malgré qu'il (franc CFA) est souvent perçue comme un gage de stabilité, son impact réel sur les économies locales, notamment celle du Tchad, est controversé et concerne :

Stabilité monétaire et dépendance économique : Le franc CFA, par sa parité fixe avec l'euro, a offert au Tchad une stabilité monétaire qui a permis de maîtriser l'inflation, contrairement à d'autres pays africains où les monnaies nationales sont sujettes à de fortes dévaluations. Toutefois, cette stabilité a été obtenue au prix d'une perte de flexibilité monétaire et de souveraineté. En période de crise, le Tchad n'a pas la possibilité de dévaluer sa monnaie pour relancer l'économie ou d'ajuster ses taux d'intérêt de manière indépendante. Au lieu de cela, il est contraint de suivre des directives émanant de la BEAC et de la France, qui ne reflètent pas toujours ses priorités économiques locales. Selon Kalife (2016), cette dépendance a limité les marges de manœuvre du Tchad pour adopter des mesures de relance adaptées aux besoins de sa population, notamment lors des périodes de chute des prix du pétrole, une ressource cruciale pour son économie.

Gestion des réserves et dépendance externe : Le système du franc CFA exige que les pays membres, y compris le Tchad, déposent 50 % de leurs réserves de change auprès du Trésor français, une politique qui vise à garantir la convertibilité de la monnaie. Cependant, cette obligation a pour effet de restreindre la capacité du Tchad à utiliser ses propres ressources pour financer ses projets de développement. En cas de crise économique ou de besoin urgent de liquidités, le Tchad doit demander l'autorisation pour accéder à ses fonds, ce qui peut retarder les interventions économiques nécessaires. Cela place le pays dans une situation de dépendance accrue vis-à-vis des institutions financières françaises et limite sa souveraineté financière, comme le souligne Kalife (2016). Ce manque de contrôle sur ses réserves affaiblit la capacité du Tchad à prendre des décisions économiques indépendantes et à répondre efficacement aux défis économiques.

Effets sur les investissements internes et le développement : La stabilité du franc CFA et son lien avec l'euro ont attiré des investissements étrangers dans le secteur pétrolier du Tchad, mais cette attractivité ne s'est pas étendue aux autres secteurs économiques. La rigidité du système monétaire rend les coûts de transaction élevés pour les entrepreneurs locaux, ce qui freine les investissements internes et entrave la diversification de l'économie. Le secteur non-pétrolier reste sous-développé, et les opportunités de création d'emplois pour la population locale sont limitées. En outre, les mécanismes de gestion monétaire ont souvent profité aux élites économiques et politiques, ce qui a accentué les inégalités économiques. Selon Kalife (2016), les restrictions imposées par le système du franc CFA ont empêché le Tchad de mener des politiques monétaires expansionnistes pour soutenir les petites entreprises et l'agriculture, secteurs pourtant cruciaux pour le développement à long terme du pays.

Dépendance vis-à-vis des aides et des prêts internationaux : La rigidité du franc CFA, combinée aux obligations de dépôt des réserves et à la faible autonomie monétaire, a conduit le Tchad à dépendre fortement des aides et des prêts internationaux pour financer ses déficits budgétaires et ses projets de développement. Cette dépendance a un double effet. D'un côté, elle permet au pays de combler ses besoins de financement à court terme, mais de l'autre, elle limite son autonomie de décision. Les aides internationales sont souvent assorties de conditions qui ne correspondent pas toujours aux priorités du pays. Kaberuka (2009) souligne que cette situation rend le Tchad vulnérable aux agendas politiques et économiques des bailleurs de fonds, qui peuvent imposer des réformes peu adaptées au contexte local. En conséquence, les politiques économiques du Tchad sont souvent alignées sur les exigences externes plutôt que sur les besoins de sa population, exacerbant ainsi la frustration et les tensions sociales.

4. Dépendance monétaire et perte de souveraineté économique : Le cas du franc CFA au Tchad

Le franc CFA, a souvent été critiqué pour les restrictions qu'il impose sur la souveraineté économique de ces nations. Conçu initialement comme un instrument de stabilité monétaire, le franc CFA est de plus en plus perçu par les Africains comme un outil de dépendance financière, limitant la capacité des pays africains à formuler et à mettre en œuvre des politiques économiques indépendantes. Cette section se concentre sur les points suivants :

- **Perte de souveraineté : Comment le franc CFA limite la capacité du Tchad à prendre des décisions économiques indépendantes**

Restriction de la politique monétaire autonome : En adhérant au système du franc CFA, le Tchad a cédé une partie significative de sa souveraineté monétaire. La parité fixe avec l'euro signifie que le pays ne peut pas ajuster le taux de change pour répondre à ses réalités économiques internes. Cette absence de contrôle est particulièrement problématique en période de crise économique ou de fluctuations des prix des ressources naturelles. Le Tchad, dont l'économie est largement dépendante des exportations de pétrole, se retrouve incapable de dévaluer sa monnaie pour stimuler ses exportations ou protéger ses secteurs stratégiques. Par conséquent, la politique monétaire du pays est dictée par des décisions prises à l'étranger (Duchaussoy, 2018).

Influence des institutions externes sur les décisions économiques : La perte de souveraineté économique se manifeste également par l'influence prépondérante des institutions financières internationales sur les politiques économiques du Tchad. Les conditions attachées aux prêts et aux aides internationales forcent le pays à mettre en œuvre des réformes qui ne sont pas toujours alignées avec ses priorités économiques. Ces réformes, dictées par les bailleurs de fonds, incluent souvent des mesures d'austérité, des ajustements structurels et des coupes budgétaires qui restreignent les capacités de l'État à investir dans le développement social et économique (Duchaussoy, 2018). De plus, les directives de la BEAC, influencées par le Trésor français, reflètent davantage les intérêts économiques européens que les besoins spécifiques du Tchad.

Impact sur les politiques de Développement Durable : Le manque de souveraineté monétaire affecte également les ambitions du Tchad en matière de développement durable. Le pays ne dispose pas de la flexibilité nécessaire pour investir dans des projets à long terme ou pour promouvoir des secteurs stratégiques. Le Tchad se retrouve souvent contraint de suivre des programmes de développement imposés par des bailleurs de fonds, qui peuvent ne pas correspondre aux réalités locales. Cette dépendance limite la capacité du pays à élaborer des stratégies de développement indépendantes, ce qui entrave sa croissance à long terme (Duchaussoy, 2018).

La dépendance du Tchad et des pays africains vis-à-vis du franc CFA et la perte de souveraineté économique qui en résulte limitent considérablement leur capacité à mener des politiques économiques autonomes et à promouvoir un développement durable. La situation monétaire actuelle, tout en garantissant une certaine stabilité, empêche le pays d'adapter ses politiques à ses propres besoins et de naviguer efficacement dans un environnement économique mondial en perpétuelle évolution. Pour le Tchad, repenser sa politique monétaire est essentiel pour restaurer sa souveraineté économique et ouvrir la voie à un développement véritablement indépendant.

5. Effets du franc CFA sur le développement économique du Tchad

Le franc CFA a exercé une influence majeure sur le développement économique du Tchad, tant par ses aspects structurels que par les politiques qui l'entourent. Loin de se limiter à la simple question de la stabilité monétaire, l'utilisation de cette monnaie commune a des effets profonds sur la capacité du pays à se développer de manière autonome et à diversifier ses activités économiques. L'analyse de ces effets révèle des problématiques structurelles qui entravent le développement économique du Tchad à plusieurs niveaux.

- **Inadaptation de la politique monétaire aux spécificités du Tchad**

Le Tchad, avec une économie dépendante des matières premières, en particulier le pétrole, nécessite une flexibilité monétaire pour gérer efficacement les chocs économiques externes, tels que les fluctuations des prix des matières premières. Le franc CFA, en tant que monnaie arrimée à l'euro, impose une politique monétaire unique pour plusieurs pays aux structures économiques hétérogènes. Or, cette rigidité ne permet pas au Tchad de moduler sa politique monétaire en fonction de ses besoins spécifiques. Par exemple, en période de baisse des prix du pétrole, le pays se retrouve incapable de dévaluer sa monnaie pour stimuler ses exportations non pétrolières ou d'ajuster ses taux d'intérêt pour encourager l'investissement local. Cette inadaptation crée un frein au développement et limite la capacité du pays à s'ajuster aux chocs économiques (Duchaussoy, 2018).

- **Effet d'étouffement sur l'entrepreneuriat local**

Le franc CFA, bien que stable, rend le crédit difficilement accessible en raison de la politique de taux d'intérêt relativement élevés. Ces taux sont souvent alignés sur les critères européens et ne tiennent pas compte des réalités locales. Pour les entrepreneurs tchadiens, accéder à des prêts pour financer leurs projets devient complexe, ce qui décourage l'initiative locale. Les petites et moyennes entreprises, considérées comme le moteur de la diversification économique, peinent à se développer faute de soutien financier adéquat. Par conséquent, le tissu entrepreneurial reste embryonnaire, et l'économie continue de dépendre des grandes entreprises internationales, en particulier dans le secteur des ressources naturelles. Le manque de financement approprié pour les secteurs clés, comme l'agriculture ou les petites industries manufacturières, freine l'émergence d'une économie plus inclusive et diversifiée (Duchaussoy, 2018).

- **Favoritisme des importations au détriment des productions locales**

Le franc CFA, par sa parité avec l'euro, maintient un taux de change relativement élevé par rapport à d'autres monnaies africaines non arrimées. Cela favorise les importations de biens de consommation et d'équipements, au détriment de la production locale. Le Tchad, déjà limité par un secteur manufacturier faible, voit ses coûts de production devenir moins compétitifs par rapport aux produits importés. Cette situation a conduit à un phénomène de « désindustrialisation rampante », où il est plus rentable d'importer que de produire localement. Le développement de l'agriculture, par exemple, est compromis par l'importation de denrées alimentaires à bas prix, ce qui dissuade les producteurs locaux d'investir dans des cultures plus diversifiées. À long terme, cette dynamique affaiblit l'économie nationale, réduit l'autosuffisance et rend le pays encore plus vulnérable aux chocs externes (Duchaussoy, 2018).

- **Renforcement des déséquilibres régionaux**

L'utilisation du franc CFA a également contribué à accentuer les disparités régionales au sein du Tchad. Les régions du Centre, plus développées et économiquement actives, bénéficient davantage des apports d'investissements étrangers et des activités liées au commerce extérieur, facilitées par la parité avec l'euro. En revanche, la région du Sud, qui dépend principalement de l'agriculture et de l'élevage, souffrent du manque de financement et des contraintes imposées par la monnaie. Le coût élevé des intrants, combiné à des infrastructures sous-développées, aggrave les écarts de développement entre les régions, ce qui limite l'intégration économique nationale. La centralisation de la gestion monétaire et des décisions économiques à N'Djamena renforce encore ce déséquilibre, créant un environnement propice aux tensions sociales et politiques (Nubukpo, 2015).

- **Faible compétitivité à l'exportation**

Un autre effet crucial du franc CFA est son impact sur la compétitivité des produits tchadiens sur le marché international. En raison de la parité fixe avec l'euro, les produits tchadiens deviennent souvent trop chers pour les marchés voisins ou internationaux, rendant les exportations moins attractives. Le Tchad, qui dispose d'un potentiel agricole et minier considérable, se retrouve handicapé par le coût de ses produits sur les marchés régionaux. La perte de compétitivité se traduit par un déficit commercial persistant, ce qui affaiblit encore plus la balance des paiements et la position économique du pays sur la scène régionale et internationale (Nubukpo, 2015).

- **Contrainte sur la politique budgétaire et les investissements publics**

Le franc CFA exerce une pression constante sur la politique budgétaire du Tchad, contraignant le pays à maintenir une discipline fiscale stricte pour garantir sa parité avec l'euro. Cette contrainte budgétaire limite les investissements dans les infrastructures essentielles, la santé, l'éducation, et d'autres secteurs qui pourraient soutenir le développement humain. En période de ralentissement économique, le gouvernement est contraint de réduire ses dépenses, ce qui affecte directement les programmes sociaux et de développement. La dépendance aux financements extérieurs pour combler les déficits budgétaires crée également un cercle vicieux d'endettement et de dépendance vis-à-vis des bailleurs de fonds internationaux, limitant encore plus la souveraineté économique du Tchad (Nubukpo, 2015).

L'effet du franc CFA sur le développement économique du Tchad dépasse de loin la simple question de la stabilité monétaire. En raison de sa rigidité, de son impact sur les coûts de financement et de la dépendance qu'il crée vis-à-vis des partenaires externes, cette monnaie freine les capacités du Tchad à développer son économie de manière autonome et durable. Pour que le Tchad puisse atteindre un développement plus équilibré, il est essentiel de repenser les politiques monétaires actuelles et d'envisager des alternatives qui soutiendraient mieux ses besoins de diversification et de croissance inclusive.

Après 64 ans, le Tchad est pris dans un cercle vicieux de dépendance financière qui limite sa capacité à mettre en œuvre des stratégies de développement à long terme. Le service de la dette, souvent libellé en devises fortes, pèse lourdement sur le budget national, laissant peu de marges pour les dépenses sociales ou le développement économique.

Le franc CFA, souvent présenté comme un garant de stabilité monétaire, a, en réalité, freiné le développement économique du Tchad et consolidé sa dépendance structurelle vis-à-vis de la France et des institutions européennes. Après plus de 60 ans d'utilisation, le bilan est principalement insatisfaisant : bien que la monnaie ait permis d'éviter des crises d'hyperinflation, elle a également enfermé le pays dans une politique monétaire rigide qui ne reflète pas ses besoins économiques spécifiques. Le Tchad a été privé de toute marge de manœuvre pour ajuster sa monnaie en fonction des fluctuations des prix de ses principales exportations, comme le pétrole, ce qui a entravé sa capacité à stabiliser son économie face aux chocs externes. De plus, le dépôt d'une partie de ses réserves auprès du Trésor français a limité son autonomie financière, l'obligeant à se tourner vers des prêts internationaux coûteux pour financer ses projets de développement. En conséquence, cette dépendance financière et monétaire a non seulement freiné la diversification de son économie, mais a également accru sa vulnérabilité aux cycles de la dette et aux diktats des bailleurs de fonds, le plaçant dans une spirale de pauvreté persistante et d'impuissance économique.

CHAPITRE II :

Piège de l'endettement : Comment le Tchad est devenu prisonnier de ses emprunts

Depuis son indépendance, le Tchad a accumulé une dette colossale, devenant progressivement otage d'un cercle vicieux d'endettement. À travers des emprunts successifs, souvent contractés sous des conditions défavorables, le pays s'est retrouvé piégé dans une spirale financière qui compromet son développement et son autonomie économique. Cette situation, exacerbée par une gestion complexe des ressources et un manque de diversification de l'économie, a plongé le Tchad dans un état de dépendance économique chronique, limitant sa capacité à mettre en œuvre des politiques souveraines et efficaces.

L'endettement du Tchad, comme celui de nombreux autres pays africains, est une question cruciale qui dépasse les simples aspects financiers pour toucher aux dimensions profondes de la dépendance économique et de la souveraineté nationale. Ce phénomène, accentué par des décennies de gestion économique controversée et de crises politiques, est le reflet d'un système économique mondial qui maintient les nations africaines dans une spirale de dépendance. Ce chapitre, exposera le fait que l'endettement perpétue des structures d'inégalité et de contrôle néocolonial, influençant gravement le développement économique et social du Tchad.

L'endettement des pays africains, dont le Tchad, est souvent le résultat d'un héritage colonial qui a imposé des structures économiques favorisant les puissances coloniales au détriment des économies locales. Selon Léonce Ndikumana et James Boyce dans l'article *Africa's Odious Debts : How Foreign Loans and Capital Flight Bled a Continent* (2021), l'endettement des pays africains trouve ses racines dans la période coloniale, lorsque les économies locales ont été intégrées de force dans un système mondial conçu pour servir en priorité les intérêts des puissances coloniales (Ndikumana et Boyce, 2011). Cette période a laissé un legs de dépendance économique qui se manifeste aujourd'hui à travers une accumulation de dettes souvent héritées de projets qui avaient pour but de renforcer les intérêts coloniaux plutôt que de soutenir un développement autonome des nations nouvellement indépendantes. En outre, les dettes contractées pendant la période postindépendance sont souvent le résultat de pratiques de prêt qui n'ont pas mis en place les conditions nécessaires pour permettre aux économies locales de se stabiliser et de croître de manière indépendante.

Depuis son indépendance, le Tchad a connu une accumulation continue de dettes, exacerbée par des crises politiques internes et une gestion financière souvent défaillante. L'analyse de Renodji dans *Pétrole et dette, cas du Tchad* (2021) met en lumière que l'endettement du Tchad a été alimenté par des prêts internationaux, principalement auprès des institutions financières comme le Fonds Monétaire International (FMI) et la Banque Mondiale, souvent assortis de conditions rigoureuses (Renodji, 2005). Ces prêts ont été utilisés pour financer des projets d'infrastructure nécessaires, mais la gestion de ces fonds a souvent été marquée par un manque de transparence et des pratiques financières inefficaces. Cette accumulation de dettes a conduit à une situation où les ressources sont réorientées et la capacité du pays à investir dans des domaines cruciaux tels que la santé et l'éducation est gravement limitée (Renodji, 2005). Les principaux créanciers du Tchad, tels que le FMI et la Banque mondiale, imposent fréquemment des conditions rigides qui influencent de manière significative les orientations économiques du pays, limitant ainsi sa capacité à mener des politiques autonomes adaptées à ses besoins. Ces conditions de prêt englobent souvent des réformes économiques néolibérales, telles que la libéralisation des marchés et des politiques d'austérité, qui se traduisent par une réduction des dépenses publiques, affectant négativement les services sociaux de base et détériorant la qualité de vie des citoyens. (Aluko et Ibrahim, 2020). Ces conditions sont souvent vues comme des instruments de contrôle économique qui favorisent les intérêts des créanciers étrangers plutôt que ceux des populations locales. Par exemple, les politiques d'austérité imposées ont conduit à des réductions dans les investissements publics essentiels, aggravant les conditions de vie des tchadiens et limitant les capacités du gouvernement à répondre aux besoins sociaux.

Les dettes élevées exercent une pression constante sur les finances publiques, entraînant des réductions dans les budgets alloués à des services essentiels tels que l'éducation et la santé. Ces réductions entraînent des conséquences graves pour le bien-être social des tchadiens. L'analyse de l'impact de la dette sur le bien-être social peut révéler que les coupes budgétaires dans les services sociaux aggravent les inégalités et les tensions sociales, mettant en lumière la détérioration des conditions de vie et le manque d'accès à des services de base (Banque mondiale, 2021). Les perspectives économiques du Tchad en matière d'endettement sont préoccupantes, avec un risque accru de détérioration des conditions de vie si la situation économique ne s'améliore pas. Ainsi, il est essentiel de réexaminer les structures économiques mondiales qui perpétuent cette spirale de dépendance. La recherche de solutions pour promouvoir une plus grande autonomie économique est cruciale pour sortir de cette situation.

1. Évolution de la dette depuis l'indépendance

L'évolution de la dette du Tchad depuis l'indépendance est marquée par une augmentation progressive de ses engagements financiers, principalement en raison de prêts contractés pour financer des projets de développement, gérer les crises économiques, et stabiliser un système politique souvent instable. Cette dynamique s'est intensifiée au fil des décennies, rendant le pays de plus en plus dépendant des créanciers internationaux, tout en réduisant sa marge de manœuvre économique.

- **Contexte historique de l'endettement**

L'endettement du Tchad, comme celui de nombreux autres pays africains, trouve ses racines dans la période post-coloniale. Depuis l'indépendance du Tchad en 1960, le pays a traversé diverses phases économiques et politiques qui ont marqué l'évolution de sa dette. Pour comprendre cette dynamique, il est essentiel de revenir sur les premières années de l'indépendance et de décrypter les facteurs qui ont conduit à l'accumulation de la dette extérieure.

- **Origine de l'endettement postindépendance**

À son indépendance, le Tchad a hérité d'une économie fragile, marquée par un manque d'infrastructures et de ressources institutionnelles pour gérer de manière autonome ses finances publiques. Selon Dadzie Kenneth dans son ouvrage *La Dépendance économique de l'Afrique* (1988), les nations africaines nouvellement indépendantes se sont retrouvées dans une position économique désavantageuse, souvent incapables de financer les projets de développement nécessaires à leur stabilité économique (Dadzie, 1988). Pour surmonter ces défis, le Tchad a rapidement cherché à attirer des financements étrangers. Cependant, les prêts contractés étaient souvent assortis de conditions strictes et peu favorables, liées à des politiques économiques imposées par les créanciers internationaux. En l'absence d'un plan de gestion des dettes efficace, le pays a commencé à accumuler une dette extérieure importante dès les premières années de son indépendance.

- **Premières phases d'endettement (1960-1980)**

Dans les années 1960 et 1970, le Tchad a contracté plusieurs prêts pour financer des projets d'infrastructures et de développement. Bopelokgale Soko, dans son ouvrage *Debt Management and Governance in Afrique* (2022), souligne que durant cette période, les prêts étaient souvent utilisés pour des projets de grande envergure, mais la gestion des fonds manquait de rigueur, entraînant un gaspillage et un endettement croissant (Soko, 2022). Les prêts obtenus étaient souvent destinés à moderniser les infrastructures et à stimuler la croissance économique, mais le pays faisait face à une série de défis : instabilité politique, conflits internes, et mauvaise gestion des ressources. L'absence de structures de gouvernance solides a exacerbé les difficultés, entraînant une accumulation rapide de la dette extérieure.

- **Années de crises et d'endettement accru (1980-2000)**

Les années 1980 et 1990 ont été marquées par une aggravation de la situation économique. Le Tchad a connu plusieurs crises politiques et économiques majeures, dont la guerre civile qui a eu un impact dévastateur sur son économie. La guerre civile tchadienne, qui a commencé en 1979 et s'est intensifiée au cours des années 1980, a non seulement détérioré les infrastructures du pays, mais a également entraîné une détérioration des conditions économiques. Selon l'analyse de Dessy et Vencatachellum

(2007), dans *Debt Relief and Social Services Expenditure: The African Experience, 1989–2003*, les conflits internes ont contribué à une augmentation exponentielle de la dette, en raison de l'augmentation des dépenses militaires et de la nécessité de reconstruire le pays (Dessy et Vencatachellum, 2007). Les fluctuations des prix des matières premières ont également eu un impact significatif. Le Tchad étant un pays dépendant des exportations de pétrole et d'autres ressources naturelles, les baisses de prix sur les marchés internationaux ont entraîné des répercussions négatives sur ses revenus. Ces fluctuations ont conduit à des déficits budgétaires importants, obligeant le pays à recourir à des prêts supplémentaires pour combler les lacunes financières.

- **Principales étapes et événements marquants**

L'endettement du Tchad, un sujet complexe et souvent controversé, est profondément ancré dans l'histoire économique et politique du pays. Depuis son accession à l'indépendance en 1960, le Tchad a navigué à travers des périodes de turbulences, de conflits internes et de changements de gouvernance, tous contribuant à la montée de sa dette extérieure. Ce phénomène ne se limite pas à des chiffres financiers ; il révèle des dynamiques plus larges de dépendance économique, d'inégalités et de vulnérabilité face aux fluctuations des marchés mondiaux. Dans ce contexte, il est crucial d'explorer les principales étapes et événements qui ont jalonné l'évolution de l'endettement du Tchad afin de mieux comprendre les défis actuels auxquels le pays est confronté et les implications de cette dette sur son développement futur.

- **Conflits internes et crises politiques**

Les conflits internes ont été un facteur majeur dans l'accumulation de la dette du Tchad. Les années 1980 ont été particulièrement marquées par une instabilité politique intense, notamment la guerre civile et les révoltes armées.

Ces conflits ont non seulement détruit les infrastructures du pays mais ont également détourné les ressources financières nécessaires à des projets de développement économique et social.

- **Fluctuation des prix des matières premières**

Selon l'article de Deaton Angus, *Commodity Prices and Growth in Africa* (1999), les fluctuations des prix des matières premières, notamment du pétrole, ont eu un impact considérable sur l'économie tchadienne, exacerbant ainsi le poids de l'endettement du pays. Cette situation s'explique par plusieurs mécanismes économiques interconnectés :

1. Dépendance aux exportations de pétrole : Le Tchad repose principalement sur les exportations de pétrole pour générer des revenus. Lorsque les prix du pétrole sont élevés, le pays bénéficie d'un afflux significatif de devises étrangères, ce qui lui permet de financer ses projets de développement, de rembourser une partie de sa dette et d'améliorer les services publics. Cependant, lorsque les prix chutent, comme cela a été observé à plusieurs reprises au cours des dernières décennies, le pays fait face à une crise de liquidité qui limite sa capacité à honorer ses obligations financières. Cette vulnérabilité met en péril la stabilité économique et accroît la dépendance du pays à l'égard des créanciers internationaux.

2. Accroissement de la dette externe : Les périodes de prix bas du pétrole poussent le Tchad à recourir à l'endettement pour compenser la baisse des revenus. Le gouvernement se voit contraint d'emprunter pour maintenir le financement des services publics et des investissements. Les institutions financières internationales, comme le FMI et la Banque mondiale, sont souvent sollicitées, mais les prêts sont généralement assortis de conditions strictes. Cela peut inclure des mesures d'austérité et des réformes économiques, qui peuvent nuire à la croissance à long terme et augmenter la charge de la dette.

3. Instabilité économique et confiance des investisseurs : Les fluctuations des prix des matières premières entraînent une instabilité économique qui décourage les investisseurs. Un environnement économique incertain limite les investissements étrangers directs, qui sont essentiels pour diversifier l'économie tchadienne. En l'absence de nouvelles sources de revenus, le pays se trouve encore plus dépendant des prêts extérieurs, renforçant ainsi la spirale de l'endettement.

4. Impact sur les projets de développement : La variabilité des revenus due aux fluctuations des prix du pétrole affecte également la mise en œuvre des projets de développement. En période de recettes élevées, le Tchad peut planifier des investissements ambitieux. Toutefois, lorsque les prix chutent, ces projets sont souvent suspendus ou annulés, ce qui entraîne des conséquences sur la création d'emplois et le développement des infrastructures. Cela limite les capacités du pays à générer des revenus futurs, le rendant plus vulnérable à la dette.

5. Dépendance aux crédits à court terme : Face à des périodes de crise, le Tchad peut être contraint de recourir à des crédits à court terme, souvent à des taux d'intérêt élevés. Cela crée une pression supplémentaire sur le budget du pays, car ces emprunts doivent être remboursés rapidement, souvent aux dépens d'autres dépenses essentielles telles que la santé ou l'éducation. Ce cycle d'emprunt et de remboursement peut rapidement alourdir le fardeau de la dette.

6. Répercussions sociales : La hausse de l'endettement en raison des fluctuations des prix des matières premières a également des répercussions sociales. Les mesures d'austérité imposées par les créanciers peuvent conduire à des réductions dans les dépenses sociales, ce qui affecte directement la qualité de vie des citoyens. En période de crise économique, la population se trouve confrontée à une augmentation du chômage et à une baisse des services de base exacerbant ainsi les inégalités et les tensions sociales.

En conclusion, les fluctuations des prix des matières premières constituent un facteur déterminant dans l'endettement du Tchad. Cette dynamique met en lumière la nécessité d'une diversification économique et d'une gestion plus prudente des ressources pour atténuer les effets de la volatilité des marchés mondiaux et réduire la dépendance à l'égard des créanciers externes.

- **Programmes d'ajustement structurel et conditions de prêt**

Les programmes d'ajustement structurel (PAS) imposés par le Fonds Monétaire International (FMI) et la Banque Mondiale ont joué un rôle crucial dans l'évolution de la dette. Ces programmes, introduits dans les années 1980 et 1990, ont souvent exigé des réformes économiques drastiques telles que la réduction des dépenses publiques et la libéralisation des marchés. Ces mesures ont été censées stabiliser les économies en crise, mais ont souvent eu des effets néfastes sur les services publics et le bien-être des citoyens. Selon l'étude de la Banque mondiale dans *Dette et développement* (2024), les conditions associées à ces prêts ont entraîné des réductions importantes dans les budgets alloués à la santé et à l'éducation, aggravant les conditions de vie des Tchadiens (banque mondiale, 2024). Les réformes imposées ont également favorisé des politiques de marché qui n'étaient pas adaptées aux réalités économiques locales, conduisant à une détérioration des conditions de vie et à une augmentation de la dette.

- **Moments critiques et accroissement de la dette**

Les années 2000 ont marqué une période critique pour l'endettement du Tchad. Les conflits persistants, les fluctuations des prix du pétrole, et les exigences des créanciers ont continué à alimenter une spirale de dette. Le Programme d'allègement de la dette pour les pays pauvres très endettés (PPTE), mis en place en 1996, a eu un impact limité au Tchad en raison des conditions restrictives et des difficultés de mise en œuvre. En 2008, la crise financière mondiale a également contribué à une augmentation de la dette. L'impact de la crise sur les prix du pétrole a entraîné une diminution des revenus pour les pays producteurs comme le Tchad, ce qui a aggravé la situation économique et entraîné une augmentation des emprunts pour stabiliser l'économie.

L'évolution de la dette du Tchad depuis son indépendance est marquée par une série de défis économiques, politiques et sociaux. Le pays a traversé des périodes de crise, de conflits internes et de fluctuations économiques qui ont fortement influencé l'accumulation de sa dette. Les prêts contractés, souvent assortis de conditions rigoureuses et de politiques néolibérales, ont exacerbé les problèmes existants et limité les capacités du pays à investir dans des secteurs essentiels pour son développement. L'analyse de ces dynamiques met en lumière les complexités de l'endettement au Tchad et soulève des questions cruciales sur la manière dont les systèmes financiers internationaux perpétuent la dépendance économique des pays africains.

2. Accumulation et gestion de la dette

2.1 Mécanismes d'accumulation de la dette

L'accumulation de la dette tchadienne est le résultat d'une série de mécanismes complexes qui englobent les prêts internes et externes. Or, depuis son indépendance, le Tchad a connu une croissance rapide de sa dette en raison de divers facteurs économiques et politiques. Analyser ces mécanismes permet de comprendre pourquoi et comment le pays a accumulé une dette aussi considérable.

Prêts internes et externes : L'endettement du Tchad peut être divisé en deux catégories principales : les prêts internes et les prêts externes. Les prêts internes sont ceux contractés auprès d'institutions financières locales, tandis que les prêts externes proviennent d'organisations internationales, de pays étrangers, et d'institutions financières multilatérales. Les prêts externes ont souvent joué un rôle prépondérant dans l'accumulation de la dette du Tchad. Selon le rapport de la Banque Mondiale *Debt and Development* (2024), les prêts externes ont été utilisés pour financer des projets d'infrastructure et de développement, mais ont également été assortis de conditions strictes qui ont contribué à la détérioration de la situation économique du pays (Banque Mondiale, 2024). Ces prêts étaient souvent contractés à des taux d'intérêt élevés, avec des échéances courtes, ce qui a conduit à une spirale de dettes. Les prêts internes, quant à eux, ont été utilisés pour combler les déficits budgétaires temporaires et financer les dépenses courantes du gouvernement. Cependant, en raison de la faible base d'épargne et d'investissement au niveau national, ces prêts ont souvent été coûteux et difficiles à rembourser. United Nations dans son article *Relever les défis de la soutenabilité de la dette intérieure en Afrique* (2024) met en lumière les défis associés à la gestion des dettes internes, notamment le manque de transparence et une gestion financière controversée (UN, 2024).

Raisons de l’endettement croissant : Plusieurs raisons expliquent l’endettement croissant du Tchad. Tout d'abord, la gestion économique inefficace a joué un rôle crucial. Les gouvernements successifs ont souvent eu du mal à planifier et à gérer les finances publiques de manière efficace. Les fonds empruntés ont été parfois mal utilisés, avec des projets de développement qui ne généraient pas les bénéfices escomptés. Ainsi, la gestion calamiteuse des ressources financières et l'inefficacité des projets ont contribué à l'accumulation rapide de la dette. Un autre facteur clé est le besoin constant de financement pour des projets d'infrastructure et des programmes de développement. En raison du manque de ressources internes, le Tchad a dû se tourner vers des prêts pour financer ses besoins de développement, mais ces financements ont souvent été insuffisants pour répondre aux attentes.

2.2 Gestion de la dette

Politiques de gestion de la dette : La gestion de la dette tchadienne a évolué au fil des décennies en réponse aux défis croissants liés à l'endettement. Les politiques mises en place pour gérer la dette ont souvent été influencées par les recommandations des créanciers internationaux et des institutions financières multilatérales. Au début des années 2000, le Tchad a mis en œuvre plusieurs réformes pour améliorer la gestion de sa dette, notamment la restructuration de la dette et la mise en œuvre de programmes d'allégement de la dette. Le Programme d'allégement de la dette pour les pays pauvres très endettés (PPTE), par exemple, a été conçu pour offrir un allègement de la dette aux pays en développement. Dès lors, le Tchad a bénéficié de ces initiatives pour alléger une partie de sa dette extérieure. Cependant, la mise en œuvre de ces politiques n'a pas toujours été efficace. Les réformes imposées ont souvent été accompagnées de conditions strictes, telles que des mesures d'austérité et des réductions des dépenses publiques, qui ont eu des impacts négatifs sur les services de base.

Évaluation de l'efficacité des stratégies : L'efficacité des stratégies de gestion de la dette tchadienne a été variée. D'un côté, les réformes et les initiatives d'allégement ont permis de réduire temporairement la charge de la dette. Cependant, ces gains ont souvent été annulés par des nouveaux emprunts et des défis économiques persistants. Une analyse du Fonds monétaire international dans *Chad : First and Second Reviews Under the Extended Credit Facility Arrangement, Requests for Waivers of Nonobservance of Performance Criteria and Modification of Performance Criteria — Debt Sustainability Analysis* (2022) montre que les efforts pour restructurer la dette ont eu des résultats mitigés. Bien que certaines dettes aient été réduites, le pays a continué à faire face à des niveaux élevés d'endettement en raison de l'accumulation de nouvelles dettes et des difficultés économiques persistantes (FMI, 2022). De plus, les politiques de remboursement ont souvent été marquées par des retards et des difficultés, en partie en raison de la volatilité des revenus du pays et des conditions économiques défavorables. L'étude de Gaukhar et al. (2019) dans *Conceptual approaches to the public debt management and its impact on financial stability* fournit une évaluation critique des défis auxquels le Tchad est confronté pour maintenir une stabilité économique tout en gérant sa dette.

2.3 Répercussions de la gestion de la dette sur l'économie

Impact sur l'économie tchadienne : Les choix de gestion de la dette ont entraîné des répercussions profondes sur l'économie. L'un des principaux impacts a été la redirection des ressources budgétaires vers le remboursement de la dette au détriment des investissements dans les secteurs essentiels. La nécessité de consacrer une part importante du budget aux paiements de la dette a conduit à des réductions dans les budgets alloués aux services publics. Les restrictions budgétaires imposées par les besoins de remboursement ont conduit à des retards et à des lacunes dans les investissements publics. De plus, les politiques de gestion de la dette ont souvent impliqué des mesures d'austérité qui ont eu des effets désastreux sur les conditions de vie des citoyens (Banque mondiale 2021).

Priorisation budgétaire : les choix de priorisation budgétaire dans la gestion de la dette ont également eu des effets importants. Les ressources ont souvent été allouées en priorité au service de la dette plutôt qu'à des investissements dans des domaines susceptibles de stimuler une croissance économique durable. Cette priorisation a conduit à un cercle vicieux où les difficultés économiques ont entraîné une augmentation de la dette, et les efforts pour la réduire ont souvent sacrifié les besoins immédiats des citoyens.

En conclusion, la gestion de la dette tchadienne a été marquée par des défis importants, notamment une accumulation rapide de dettes, une gestion souvent inefficace, et des répercussions profondes sur l'économie et les services publics. Les politiques mises en place ont eu des impacts variés, avec des résultats mitigés en termes de réduction de la dette et d'amélioration de la stabilité économique. Pour avancer, il est crucial d'adopter des stratégies de gestion de la dette plus équilibrées qui tiennent compte des besoins de développement et des conditions de vie des citoyens.

3. Principaux créanciers et conditions de prêts

3.1 Principaux créanciers

La dette du Tchad est largement déterminée par ses interactions avec divers créanciers, parmi lesquels figurent les institutions financières internationales, les pays donateurs et les créanciers privés. Ces relations influencent fortement la dynamique de l'endettement et les conditions de financement imposées au pays.

Institutions financières internationales : Les institutions financières internationales telles que le Fonds Monétaire International (FMI) et la Banque Mondiale sont parmi les principaux créanciers du Tchad. Ces organisations fournissent des prêts pour soutenir les programmes économiques et les projets de développement, souvent dans le cadre d'accords de restructuration de la dette ou de programmes d'ajustement structurel. Selon un rapport du FMI, *Chad : 2022 Article IV Consultation-Press Release ; Staff Report* (2022), le Tchad a bénéficié de prêts du FMI pour stabiliser son économie et financer des réformes (FMI, 2022). Ces prêts sont généralement assortis de conditions strictes liées aux réformes économiques et à la gestion budgétaire. Les pays donateurs et créanciers jouent un rôle crucial dans l'endettement du Tchad, impactant à la fois la capacité du pays à gérer sa dette et ses perspectives de développement économique. Les nations développées et les groupes régionaux comme l'Union Européenne fournissent des prêts bilatéraux et des aides au développement, mais ces financements sont souvent conditionnés à la mise en place de réformes spécifiques.

Ces conditions peuvent inclure des exigences en matière de gouvernance, de transparence et de gestion économique, qui visent à garantir que les fonds sont utilisés efficacement et contribuent réellement au développement. Cependant, ces conditions peuvent également accroître la pression sur le gouvernement tchadien, qui doit répondre aux exigences des bailleurs tout en essayant de satisfaire les besoins de sa population. Parallèlement, les créanciers privés, tels que les banques commerciales et les fonds d'investissement, ajoutent une dimension supplémentaire à l'endettement. Ces créanciers imposent généralement des taux d'intérêt plus élevés et des conditions de remboursement plus strictes que les institutions financières publiques. Leur exigence de rendements rapides et leur aversion pour le risque peuvent entraîner des situations d'endettement plus difficiles à gérer pour le Tchad. Les prêts privés, souvent à court terme, augmentent la vulnérabilité du pays aux fluctuations économiques et aux crises financières, exacerbant ainsi les défis liés à la gestion de la dette. En résumé, la combinaison des prêts conditionnels des donateurs et des conditions rigides des créanciers privés complexifie considérablement la situation financière du Tchad, limitant ses options pour un développement durable et équilibré (Merckaert et Caliari, 2007).

Relations entre le Tchad et ses créanciers : Les relations entre le Tchad et ses créanciers sont complexes et souvent marquées par des négociations difficiles. Les créanciers internationaux imposent des conditions qui peuvent limiter la souveraineté économique du pays, en exigeant des réformes économiques, des mesures d'austérité et des politiques de gestion budgétaire strictes. Ces relations sont souvent influencées par les capacités de remboursement du Tchad, ses performances économiques et les conditions politiques internes.

3.2 Conditions des prêts

Détails des conditions de prêt : Les conditions attachées aux prêts accordés par les pays donateurs, principalement des nations développées et des institutions financières internationales, jouent un rôle crucial dans l'aggravation de l'endettement du pays. Ces prêts, souvent conditionnés à des réformes économiques rigoureuses, imposent des politiques d'ajustement structurel qui, bien qu'initialement conçues pour stabiliser l'économie, peuvent en réalité entraîner une dépendance accrue à l'égard de l'aide extérieure. En effet, ces exigences ne tiennent pas toujours compte des réalités économiques et sociales locales, ce qui peut aboutir à des situations où les politiques imposées nuisent plus qu'elles n'aident (Merckaert et Caliari, 2007). Par ailleurs, le Tchad est confronté à des créanciers privés, notamment des banques commerciales et des fonds d'investissement, qui imposent des conditions de prêt encore plus strictes. Ces prêts, caractérisés par des taux d'intérêt élevés et des clauses de remboursement rigides, alourdissent considérablement le fardeau financier du pays. Les créanciers privés, contrairement aux institutions publiques, cherchent avant tout à maximiser leurs profits, souvent au détriment des perspectives de développement du pays. Cela crée une dynamique où le service de la dette devient une priorité, reléguant les besoins de la population et les investissements essentiels au second plan. De plus, certains créanciers émergent et accordent des prêts au Tchad en échange d'un accès privilégié à ses ressources naturelles. Ces prêts, souvent assortis de conditions minimales autres que l'exploitation des ressources, renforcent la dépendance du Tchad et compromettent sa souveraineté économique à long terme. En conséquence, la gestion de la dette devient un défi complexe, où les pressions externes limitent la capacité du pays à orienter son développement de manière autonome et durable (Merckaert et Caliari, 2007).

Analyse critique des conditions : Les conditions associées aux prêts du Tchad ont souvent été critiquées pour leur impact sur la souveraineté économique du pays. Les réformes économiques imposées en échange des prêts peuvent restreindre la capacité du gouvernement à mener des politiques économiques indépendantes et à répondre aux besoins urgents de développement. Les exigences de réduction des dépenses publiques et d'austérité imposées par les créanciers peuvent également avoir des effets néfastes sur les services sociaux et les investissements publics.

3.3 Impact des conditions de prêt sur la politique économique

Influence sur les décisions économiques : Les conditions de prêt imposées par les créanciers internationaux ont un impact profond sur la politique économique du Tchad. Souvent, ces conditions exigent des réformes structurelles qui obligent le gouvernement tchadien à adopter des politiques économiques dictées de l'extérieur, plutôt que celles qui répondraient aux besoins locaux. Par exemple, les institutions financières internationales conditionnent souvent leurs prêts à des politiques d'austérité, de libéralisation des marchés, et de réduction des dépenses publiques. Ces réformes peuvent inclure la privatisation des entreprises publiques, la réduction des subventions aux secteurs stratégiques, et l'ouverture du marché local à la concurrence étrangère. Bien que ces mesures soient présentées comme des moyens d'assainir les finances publiques et de stimuler la croissance, elles peuvent également affaiblir la capacité de l'État à réguler l'économie et à protéger les secteurs vulnérables. En conséquence, la souveraineté économique du Tchad se trouve souvent compromise, le pays étant contraint de suivre une feuille de route économique qui ne correspond pas nécessairement à ses priorités de développement.

Effets sur les politiques sociales : L'influence des conditions de prêt sur les décisions économiques se manifeste également par des choix budgétaires contraints, où les priorités nationales doivent être alignées sur les attentes des créanciers. Par exemple, les fonds disponibles peuvent être orientés vers le remboursement de la dette plutôt que vers des investissements dans des secteurs cruciaux comme l'éducation, la santé, ou les infrastructures. Cette situation crée un cercle vicieux où l'endettement limite la capacité du pays à investir dans son propre développement, exacerbant ainsi les inégalités sociales et la pauvreté.

Les effets sur les politiques sociales sont particulièrement préoccupants. Les réformes imposées par les créanciers peuvent conduire à la réduction des dépenses sociales, affectant directement les services publics essentiels. La réduction des subventions, par exemple, peut rendre les services de base inaccessibles pour les populations les plus vulnérables, aggravant ainsi les inégalités et la précarité. De plus, les politiques de libéralisation peuvent entraîner une hausse des prix des biens et services, affectant davantage les ménages à faible revenu.

En somme, les conditions de prêt, bien qu'elles visent à améliorer la situation économique du Tchad, ont souvent des effets négatifs sur la politique économique et sociale du pays. Elles restreignent la capacité du gouvernement à prendre des décisions économiques autonomes et à mettre en œuvre des politiques sociales qui répondent aux besoins de sa population.

4. Conséquences économiques et sociales

4.1 Impact sur les investissements publics et les services de base

Les conditions de prêt imposées par les créanciers internationaux entraînent des répercussions profondes sur les investissements publics et les services de base au Tchad. Ces conditions, souvent dictées par des institutions financières internationales, visent généralement à stabiliser l'économie d'un pays en difficulté financière. Cependant, leur mise en œuvre peut réduire considérablement la capacité de l'État à financer des projets d'infrastructures essentiels et à fournir des services publics de qualité.

Lorsque le Tchad accepte un prêt conditionné, il est contraint de réorienter ses ressources budgétaires pour répondre aux exigences des créanciers. Ces exigences incluent d'une manière ou d'une autre la réduction des dépenses publiques pour maîtriser le déficit budgétaire. Le gouvernement se trouve alors dans l'obligation de couper dans les budgets de secteurs critiques. Cette réaffectation des ressources peut entraîner une stagnation ou même une dégradation de la qualité des services publics, car les fonds qui auraient pu être investis dans des projets à long terme sont plutôt utilisés pour satisfaire les exigences immédiates des créanciers.

Une autre condition fréquemment imposée par les créanciers est la privatisation des entreprises publiques. La privatisation est perçue comme un moyen de réduire les dépenses publiques en transférant la gestion de ces entreprises au secteur privé, supposé être plus efficace. Cependant, cette approche peut entraîner des conséquences négatives sur l'accès aux services de base. Par exemple, la privatisation des services d'eau, d'électricité ou de transport peut entraîner une augmentation des tarifs, rendant ces services inaccessibles pour une large partie de la population. De plus, la réduction des subventions pour les services de base, souvent imposée dans le cadre des réformes conditionnées, peut également limiter l'accès de la population à ces services. Les subventions jouent un rôle important dans la réduction des coûts des services essentiels pour les citoyens, en particulier pour les ménages à faible revenu. Leur suppression ou réduction, sous la pression des créanciers, exacerbe les inégalités sociales et renforce la pauvreté.

Les investissements dans les infrastructures sont essentiels pour le développement économique et social d'un pays. Cependant, les conditions de prêt peuvent limiter la capacité du Tchad à financer des projets d'infrastructures, notamment dans les domaines des transports, de l'énergie et des communications. Le manque d'investissements dans ces secteurs entraîne un retard dans le développement du pays et limite sa compétitivité sur le plan régional et international. Les routes, par exemple, sont importantes pour le commerce et l'intégration régionale, mais leur construction et leur entretien peuvent être sacrifiés au profit de l'allocation des ressources pour le service de la dette. De même, l'absence d'investissements suffisants dans le secteur de l'énergie peut entraîner des pénuries d'électricité, affectant à la fois les ménages et les industries, et freinant ainsi la croissance économique.

Les conditions de prêt peuvent également affaiblir les capacités de l'État en le forçant à déléguer des responsabilités importantes au secteur privé. Cela peut être particulièrement problématique dans les secteurs où l'État joue un rôle crucial dans la régulation et la fourniture de services de base. En externalisant ces responsabilités, l'État peut perdre une partie de son contrôle sur les services essentiels, ce qui peut conduire à des inégalités accrues et à un accès limité pour les populations les plus vulnérables. En outre, la réduction des dépenses publiques dans des secteurs clés peut également affaiblir l'administration publique, en réduisant sa capacité à mettre en œuvre des politiques publiques efficaces et à superviser le développement économique du pays.

Les services de santé et d'éducation sont particulièrement vulnérables aux impacts des conditions de prêt. Le secteur de la santé, par exemple, peut souffrir de réductions de budget qui limitent l'accès aux soins, surtout dans les zones rurales. Les infrastructures de santé déjà fragiles peuvent se détériorer davantage, aggravant les conditions de vie de la population. De même, le secteur de l'éducation, essentiel pour le développement à long terme du pays, peut être sévèrement touché par les coupes budgétaires. Cela peut se traduire par une diminution de la qualité de l'enseignement, des taux de scolarisation plus faibles, et une inégalité accrue dans l'accès à l'éducation, particulièrement pour les filles et les populations rurales.

4.2. Effets sur le bien-être social

Les conditions de prêt ont des effets significatifs sur le bien-être social de la population. Ces effets se manifestent par une augmentation des inégalités, une détérioration des conditions de vie, et une vulnérabilité accrue des populations les plus fragiles. Les réformes économiques généralement dictées, bien qu'elles visent à stabiliser l'économie, entraînent souvent des répercussions sociales profondes et négatives.

L'un des effets les plus marquants des conditions de prêt est l'augmentation des inégalités sociales. Les politiques d'austérité imposées par les créanciers peuvent entraîner une réduction des dépenses sociales, ce qui affecte principalement les couches les plus vulnérables de la population. Par exemple, la réduction des subventions aux services de base, comme l'eau, l'électricité et le carburant, entraîne une hausse des coûts pour les ménages, en particulier ceux à faible revenu. Ces hausses de coûts peuvent rendre ces services inabordables pour une partie de la population, exacerbant ainsi les inégalités existantes.

De plus, les réformes économiques peuvent bénéficier de manière disproportionnée aux élites économiques et aux entreprises privées, tout en laissant de côté les populations rurales et les travailleurs informels. Par exemple, la privatisation des entreprises publiques peut favoriser les investisseurs étrangers et locaux bien établis, au détriment des travailleurs et des consommateurs locaux. Cette dynamique crée un fossé croissant entre les riches et les pauvres, ce qui peut conduire à des tensions sociales accrues.

Les conditions de prêt peuvent également entraîner une détérioration générale des conditions de vie pour une grande partie de la population. Les coupes budgétaires dans les services sociaux, combinées à la réduction des subventions et à la privatisation des services publics, peuvent réduire l'accès des citoyens à des services essentiels tels que la santé, l'éducation, l'eau potable et l'électricité. Par exemple, la réduction des budgets de la santé peut entraîner une pénurie de médicaments et de personnel médical, rendant difficile l'accès aux soins, en particulier pour les populations rurales et les personnes vulnérables.

De plus, la hausse des prix des services de base, résultant de la suppression des subventions et de la privatisation, peut aggraver les conditions de vie. Les ménages à faible revenu, qui consacrent une grande partie de leur budget à ces services, sont les plus touchés. Cela peut conduire à une augmentation de la pauvreté, car les familles doivent choisir entre satisfaire des besoins essentiels comme l'alimentation, l'éducation des enfants, et l'accès aux soins médicaux.

Les réformes économiques imposées par les créanciers augmentent également la vulnérabilité des populations les plus fragiles. Les femmes, les enfants, les personnes âgées et les populations rurales sont particulièrement exposés aux effets négatifs des conditions de prêt. Par exemple, la réduction des budgets dans l'éducation affecte souvent les filles de manière disproportionnée, car les familles peuvent être plus enclines à retirer les filles de l'école en période de difficulté économique. De même, la réduction des subventions aux produits alimentaires de base peut aggraver l'insécurité alimentaire, en particulier dans les zones rurales où les moyens de subsistance dépendent largement de l'agriculture.

En outre, les politiques de libéralisation du marché du travail, souvent exigées par les créanciers, peuvent augmenter la précarité de l'emploi, en particulier pour les travailleurs informels et les petits agriculteurs. Ces groupes, déjà vulnérables, peuvent voir leurs revenus diminuer et leurs conditions de vie se détériorer, ce qui accroît leur vulnérabilité aux chocs économiques et sociaux. Cette situation est exacerbée par l'absence de filets de sécurité sociale adéquats, qui pourrait atténuer l'impact des réformes économiques sur les populations les plus vulnérables.

Les réformes économiques exigées par les créanciers peuvent également nuire à la cohésion sociale en aggravant les inégalités, en augmentant le chômage et en réduisant l'accès aux services de base, ce qui génère un climat de mécontentement et de tension au sein de la population. Les inégalités croissantes, la détérioration des conditions de vie, et la vulnérabilité accrue des populations peuvent conduire à des tensions sociales et à une méfiance accrue envers le gouvernement et les institutions internationales. Ces tensions peuvent se manifester par des protestations, des grèves, et des conflits sociaux, qui peuvent à leur tour déstabiliser le pays et nuire à son développement économique et social. De plus, ces politiques économiques dictées de l'extérieur sont souvent perçues comme une forme d'ingérence dans les affaires internes du pays, exacerbant ainsi le ressentiment et alimentant un sentiment de frustration et de résistance au sein de la population.

5. Le Tchad face à un endettement chronique : réalités et perspectives

Depuis plusieurs années, le Tchad se débat dans une spirale d'endettement alarmante qui mine sa stabilité économique. La déclaration du 7 septembre 2021 du directeur du département Afrique du Fonds Monétaire International (FMI), Abebe Aemro Selassie, « *le traitement de la dette du Tchad par ses créanciers privés est indispensable à son redressement économique. La situation économique et financière du Tchad continue de se détériorer sous l'effet conjugué des chocs subis par le pays : pandémie de COVID-19, baisse des cours du pétrole, changement climatique et attaques terroristes. La dette du Tchad n'est pas jugée viable. Un traitement de cette dette est donc indispensable, et permettrait par la suite au conseil d'administration du FMI d'approuver des financements à l'appui du programme soigneusement calibré de rééquilibrage des finances publiques du Tchad....* » souligne l'urgence d'un traitement de la dette par les créanciers privés pour redresser l'économie du pays. Face à une dette jugée non viable, le Tchad est contraint de rechercher des solutions durables pour alléger le fardeau financier qui étouffe son développement (FMI, 2021).

Un cocktail explosif de défis économiques et financiers

La situation économique et financière du Tchad s'est dégradée au cours des dernières années, sous l'effet conjugué de divers chocs exogènes. À la pandémie de COVID-19 se sont ajoutés la chute des cours du pétrole, les impacts du changement climatique, et une insécurité persistante due aux attaques terroristes. Cette conjoncture difficile a provoqué des tensions budgétaires telles que les autorités ont été obligées de réduire des dépenses sociales et de développement essentielles, risquant ainsi de compromettre la stabilité sociale du pays à long terme (FMI, 2021). Les services du FMI et les autorités tchadiennes maintiennent un dialogue étroit pour identifier des mesures de politique économique appropriées. Pourtant, malgré les tentatives de stabilisation, les difficultés de financement restent omniprésentes et continuent d'aggraver la situation. En effet, le FMI a prévenu que si les dépenses sociales ne sont pas rétablies rapidement à leur niveau antérieur, le pays pourrait faire face à de graves répercussions sur le plan social et sécuritaire (FMI, 2021).

Un endettement hors de contrôle

Pour la Direction générale du Trésor français (2023), l'endettement du Tchad a considérablement augmenté entre 2013 et 2016, passant de 30,5 % à 51,5 % du Produit Intérieur Brut (PIB), en grande partie à cause d'un prêt massif contracté auprès de la société Glencore. Ce prêt avait pour but de financer le rachat par l'État tchadien des parts de l'américain Chevron dans le principal consortium pétrolier du pays. Le poids de cette dette est devenu insoutenable, absorbant près de 68 % des recettes publiques entre 2021 et 2024, selon les prévisions. Face à cette situation, deux rééchelonnements de la dette ont été réalisés en 2015 et 2018 sous la pression du FMI, permettant de stabiliser temporairement la charge de la dette. Mais dès 2021, la dette a de nouveau augmenté, atteignant 55,9 % du PIB, obligeant le pays à recourir au Cadre commun de traitement de la dette du G20 pour les pays à faible revenu.

Cette initiative vise à restructurer la dette des nations les plus endettées et vulnérables, afin de rétablir leur solvabilité (Direction générale du trésor français, 2023).

Un soutien mitigé des créanciers

En 2022, un accord sur le traitement de la dette a été trouvé entre le Tchad et ses créanciers officiels, ce qui a contribué à une amélioration temporaire de la situation grâce à la remontée des prix du pétrole. Bien que le Tchad ne soit plus en situation de surendettement, il reste exposé à un risque élevé d'endettement extérieur. Le FMI estime que ce risque pourrait devenir « modéré » d'ici la fin du programme de redressement (Direction générale du trésor français, 2023).

La restructuration de la dette auprès des créanciers privés reste toutefois un point crucial. La directrice générale du FMI, ainsi que le comité des créanciers, ont appelé les créanciers privés à accepter un traitement équivalent de la dette. Cette restructuration est indispensable pour permettre au Tchad d'accéder aux financements officiels dont il a cruellement besoin pour relancer son économie. Sans une coopération active des créanciers privés, le pays restera piégé dans un cercle vicieux de dettes impayables et de sous-investissement dans les secteurs sociaux (FMI, 2021).

Une croissance modeste et des incertitudes persistantes

Malgré ces efforts, le contexte économique reste précaire. Après deux années de récession en 2020 et 2021, le Tchad a enregistré une croissance de seulement 2,5 % en 2022. La reprise est principalement attribuable à la remontée de la production pétrolière (+6,2 %), alors que le secteur agricole a subi une baisse significative en raison des inondations et de l'instabilité climatique. Une croissance plus soutenue de 3,5 % est prévue pour 2023, selon le FMI, mais de nombreux risques demeurent. Les conséquences de la crise au Soudan voisin, ainsi que les pénuries de carburant, pourraient rapidement compromettre ces prévisions (Direction générale du trésor français, 2023). L'inflation, qui avait atteint 5,3 % en 2022 en raison de la flambée des prix des denrées alimentaires, devrait diminuer à 3,4 % en 2023, toujours selon le FMI. Cependant, les récentes statistiques nationales montrent une hausse significative des prix des produits alimentaires (+18,8 %) et des transports (+25,5 %) à fin avril 2023, rendant incertaine la stabilité économique du pays (Direction générale du trésor français, 2023).

Vers une gestion plus responsable de la dette ?

En réponse à ces défis, le Conseil d'administration du FMI a approuvé, en décembre 2021, un programme de facilité élargie de crédit (FEC) sur trois ans, d'un montant de 392,6 millions de DTS (environ 486 millions d'euros). Ce programme vise à renforcer la gouvernance, à promouvoir une croissance inclusive, et à améliorer la discipline budgétaire. Toutefois, la mise en œuvre de ce programme reste fragile (FMI, 2021). Pour le Tchad, la clé d'un redressement durable réside dans la capacité à mobiliser les ressources domestiques, à réduire sa dépendance vis-à-vis des prêts internationaux, et à obtenir un soutien plus large de ses créanciers privés. La dette continue de peser lourdement sur le développement du pays, et seule une stratégie de gestion financière rigoureuse, appuyée par des réformes structurelles profondes, pourra sortir le Tchad de cette impasse (FMI, 2021).

Conclusion : un avenir sous condition

L'avenir économique du Tchad est suspendu à la bonne volonté de ses créanciers, et à sa capacité à naviguer dans un contexte de vulnérabilité économique extrême. La dette reste un défi de taille pour le pays, mais elle peut aussi constituer une opportunité de renouveau, si le Tchad parvient à négocier des conditions plus favorables avec ses créanciers et à réorienter ses priorités vers un développement soutenable et inclusif.

6. Encours de la dette publique au 31 décembre 2023

Analyse de la composition du portefeuille de la dette publique du Tchad à fin décembre 2023 selon le document de stratégie de gestion de la dette à moyen terme 2024-2026 établi par la commission nationale d'analyse de la dette, juin 2024

1. Structure globale de la dette publique

Selon le Ministère des Finances, du Budget, et de l'Economie et du Plan à travers la Direction de la Dette (Juin, 2024, stratégie de gestion de la dette à moyen terme 2024-2026), à la fin de l'année 2023, le Tchad présentait un portefeuille de dette publique s'élevant à **3 177,5 milliards de francs CFA**, soit **36,0 % du PIB**. Ce chiffre représente une légère amélioration par rapport à l'année précédente (3 271,1 milliards de francs CFA, soit 34,9 % du PIB). Cette baisse de l'encours global est positive, mais elle reste encore insuffisante pour stabiliser l'économie tchadienne, étant donné les déséquilibres structurels du pays et les incertitudes liées à sa croissance.

L'analyse montre que la dette publique tchadienne est répartie presque équitablement entre la dette extérieure et la dette intérieure, avec des proportions respectives de **46,8 %** et **53,2 %**. Cependant, la part de la dette intérieure est plus élevée, ce qui peut limiter la capacité de l'État à lever de nouveaux financements sur le marché national et créer une pression supplémentaire sur les liquidités domestiques.

2. Composition de la dette extérieure

Selon le Ministère des Finances, du Budget, et de l'Economie et du Plan (2024), l'encours de la dette extérieure s'élève à **1 486,3 milliards de francs CFA**, avec les principales sources de financement suivantes :

- **Créanciers multilatéraux** (47%) : La prédominance de ces créanciers montre que le Tchad bénéficie encore de financements préférentiels de la part d'institutions internationales telles que la Banque mondiale ou le Fonds Monétaire International (FMI). Ces emprunts sont généralement assortis de conditions plus avantageuses, mais exigent souvent des réformes structurelles.

- **Créanciers bilatéraux** (38 %) : Il s'agit de dettes contractées auprès d'autres États ou d'agences de développement gouvernementales. Leur poids important reflète la complexité des relations diplomatiques du Tchad, notamment avec des partenaires comme la Chine ou la France.

- **Créanciers commerciaux** (15 %) : La dette contractée auprès du géant Glencore demeure un point névralgique. Cette dette, en raison de ses conditions commerciales (taux d'intérêts plus élevés, conditions de remboursement rigides), a contribué de manière significative à la vulnérabilité financière du Tchad. Les rééchelonnements successifs ont quelque peu atténué la pression, mais la structure reste fragile.

L'analyse de la répartition par devise montre également une dépendance significative à l'égard du **dollar américain (63 %)**, suivi de l'**euro (17 %)** et du **Yuan chinois (11 %)**. Cette concentration sur le dollar expose le Tchad à des fluctuations de change importantes, en particulier si le franc CFA venait à se déprécier par rapport à la monnaie américaine. Cela complique la gestion du service de la dette et crée un risque de renchérissement des coûts en cas de chocs externes.

3. Composition de la dette intérieure

L'encours de la dette intérieure atteint **1 691,2 milliards de francs CFA**, avec une part significative de **37,7 %** allouée aux **Obligations du Trésor Assimilables (OTA)** et **31,4 %** d'avances statutaires de la Banque des États de l'Afrique Centrale (BEAC), ainsi que des allocations des Droits de Tirages Spéciaux (DTS). Cette forte dépendance à l'égard de la BEAC traduit une faiblesse dans la capacité de l'État tchadien à mobiliser des financements sur le marché intérieur sans l'intervention de l'institution régionale. La dette intérieure du Tchad se compose principalement des **instruments de marché** (BTA et OTA), qui ont doublé entre 2020 et 2023. Le recours accru aux OTA, qui représentent aujourd'hui **83,1 %** de l'encours total, révèle une stratégie de financement axée sur le long terme. Cependant, l'appétit des investisseurs pour ces titres demeure incertain, car il dépend de la stabilité économique et politique du pays.

4. Analyse des détenteurs des instruments de dette intérieure

La majorité des **Bons du Trésor Assimilables (BTA)** est détenue par les **Spécialistes en Valeurs du Trésor (SVT)**, qui contrôlent **84 %** de l'encours total. Les SVT, en tant qu'intermédiaires de marché, sont censés apporter de la liquidité, mais cette concentration des titres entre les mains de quelques acteurs pourrait poser des risques de refinancement si ces institutions décidaient de réduire leur exposition.

Pour les **Obligations du Trésor Assimilables (OTA)**, la situation est plus équilibrée avec une participation des **investisseurs institutionnels** représentant **17,1 %** de l'encours total. Cela inclut potentiellement des fonds de pension et d'autres entités cherchant des rendements stables à long terme, ce qui est un signe encourageant de confiance. Toutefois, cette dynamique reste à surveiller, car une dégradation de la situation économique ou une crise politique pourrait entraîner un retrait de ces investisseurs, aggravant la situation de liquidité du gouvernement.

5. Commentaire global : un équilibre précaire

La répartition de la dette publique tchadienne montre un **déséquilibre persistant**. La dette intérieure, bien que libellée en monnaie locale, est en grande partie due à des institutions régionales et des créanciers bilatéraux, ce qui limite la flexibilité de gestion du Trésor. La situation est aggravée par la complexité de la dette extérieure, marquée par des créanciers aux profils divers (multilatéraux, bilatéraux, commerciaux), chacun ayant ses propres exigences. En dépit de ces difficultés, le Tchad a réussi à stabiliser son ratio d'endettement en dessous de 60 % du PIB, ce qui est en théorie soutenable. Toutefois, cette stabilisation masque des **risques de refinancement importants**, notamment liés à la structure à court terme de la dette intérieure et à l'exposition au dollar américain pour la dette extérieure.

Conclusion

En conclusion, l'endettement du Tchad représente un véritable piège qui compromet non seulement son autonomie économique, mais également son développement à long terme. En s'engageant dans des emprunts souvent mal conçus et en négligeant une gestion rigoureuse de ses finances publiques, le pays a vu sa dette se multiplier, le plaçant dans une position de vulnérabilité face aux créanciers internationaux. Ce phénomène a des répercussions directes sur les investissements dans les infrastructures essentielles, l'éducation, et la santé, des secteurs cruciaux pour le bien-être de la population.

L'analyse des différents facteurs ayant conduit à cette situation souligne l'importance d'une approche stratégique dans la gestion de la dette. Le Tchad doit non seulement repenser sa stratégie d'emprunt en se concentrant sur des projets générateurs de revenus, mais également renforcer sa capacité à négocier des conditions plus favorables avec ses créanciers. Par ailleurs, une volonté politique affirmée est indispensable pour combattre la corruption et assurer une transparence totale dans l'utilisation des fonds empruntés.

Enfin, il est impératif pour le Tchad de développer des alternatives à l'endettement, en favorisant la diversification économique et en mobilisant des ressources internes. Ce chemin vers la durabilité financière et l'autonomie économique ne sera pas sans défis, mais il est essentiel pour sortir du cycle infernal de la dette et tracer un avenir plus prometteur pour les générations à venir. Dans ce contexte, les choix stratégiques que fera le Tchad dans les années à venir seront déterminants pour sa souveraineté et son développement.

CHAPITRE III :

Tchad : Souveraineté ou Dépendance ? L'énigme de la Présence Militaire Française

La situation économique et la souveraineté monétaire d'un pays ne se résument pas uniquement à des chiffres ou des accords financiers : elles sont profondément influencées par le contexte géopolitique, les alliances militaires et le jeu des puissances étrangères. Dans le cas du Tchad, les trois aspects : la monnaie (le franc CFA), la dette publique écrasante, et la présence militaire française, sont étroitement liés, formant un triangle de dépendance qui asphyxie et limite considérablement la capacité du pays à exercer pleinement sa souveraineté.

Depuis les indépendances, le Tchad est enserré dans un système monétaire sous contrôle français avec le franc CFA, qui a été conçu à l'origine pour maintenir une emprise économique sur ses anciennes colonies. Cet outil monétaire, qui limite l'autonomie des États africains, contraint le Tchad à aligner ses politiques économiques sur des impératifs extérieurs, souvent en contradiction avec ses besoins de développement. Or, cette absence de marge de manœuvre budgétaire et monétaire s'aggrave lorsque le pays s'endette massivement, une situation dans laquelle il se trouve actuellement, piégé par des créanciers publics et privés, à l'image de la société Glencore, et contraint de mettre en péril des dépenses sociales essentielles.

Toutefois, cette servitude financière ne peut se maintenir que parce qu'elle est soutenue par une emprise sécuritaire. En effet, la présence militaire française au Tchad ne relève pas seulement d'un soutien à la lutte contre le terrorisme, comme souvent présenté. Elle assure en réalité la stabilité d'un régime souvent contesté, tout en consolidant l'influence de la France sur les décisions stratégiques du pays. Le pouvoir en place, renforcé par la protection militaire française, est alors capable de repousser les tentatives de changement politique ou économique susceptibles de remettre en cause le statu quo, y compris des réformes monétaires qui viseraient à sortir du franc CFA ou des stratégies alternatives pour échapper à l'étau de la dette.

Ainsi, loin d'être de simples problématiques distinctes, la présence militaire française, l'utilisation du franc CFA et la lourdeur de la dette publique se renforcent mutuellement. Ce système complexe de contrôle financier et militaire maintient le Tchad dans un cercle vicieux, où la dépendance économique alimente la dépendance militaire, et vice-versa. Pour briser ce cycle, il ne suffit pas de traiter chaque problème de manière isolée, mais de repenser l'ensemble des rapports de force qui façonnent le destin du pays. C'est dans cette perspective que ce chapitre analyse la présence militaire française au Tchad, en mettant en lumière son rôle clé dans le maintien d'un système de domination plus large, qui va bien au-delà du simple aspect sécuritaire.

Aperçu

Depuis l'indépendance du Tchad en 1960, la présence militaire française a été un facteur déterminant dans les dynamiques politiques, économiques et sécuritaires du pays. Le Tchad a été le pays d'Afrique où les interventions militaires françaises ont été les plus nombreuses. Certes, les formes et les raisons de la présence militaire française ont évolué. Cependant, malgré les évolutions du contexte historique, il existe une constante : Le soutien aux régimes en place au nom de la « stabilité » nécessaire du pays et la construction de cet espace en « verrou stratégique ». Cette présence, qui s'inscrit dans un contexte plus large de relations postcoloniales entre la France et ses anciennes colonies, continue de soulever de nombreuses interrogations et, en parallèle, engendre des répercussions importantes sur la souveraineté nationale du Tchad, son développement économique, ainsi que sur ses capacités internes. En effet, les multiples pressions politiques et économiques qu'elle exerce, associées aux formes de chantage, limitent l'autonomie de décision du pays et entretiennent une dépendance stratégique persistante. (Debos et Powell, 2017).

La présence militaire française au Tchad, souvent présentée sous le couvert de la lutte contre le terrorisme dans la région du Sahel, suscite des questionnements profonds quant à ses véritables motivations. Derrière les discours officiels de sécurité, il apparaît de plus en plus évident que ces interventions sont avant tout guidées par la protection des intérêts stratégiques et économiques de la France et de ses alliés occidentaux. L'aide militaire, loin de cibler uniquement l'éradication du terrorisme, semble servir d'outil pour maintenir une influence sur les anciennes colonies, tout en sécurisant des ressources vitales. Cette dynamique de dépendance militaire soulève des interrogations sur la souveraineté réelle du Tchad et son développement autonome, car elle perpétue un système où les besoins des pays donateurs priment sur ceux des populations locales (Dagozo et Aloua, 2023).

Selon Dagozo et Aloua (2023), la présence militaire française au Tchad ne se limite pas à une simple intervention ponctuelle mais s'inscrit dans une longue histoire de relations coloniales et postcoloniales. Lors de l'indépendance du Tchad en 1960, la France a maintenu une influence militaire significative dans la région, qui a évolué en fonction des changements géopolitiques et des besoins sécuritaires du pays. Les bases militaires françaises et les accords de défense ont permis à la France d'exercer une influence continue, souvent justifiée par des considérations de sécurité régionale et de lutte contre le terrorisme. Pour ces auteurs, cette présence historique peut être divisée en plusieurs phases clés :

1. **Période Postindépendance (1960-1970)** : Après l'indépendance, la France a continué à jouer un rôle central dans la politique tchadienne, en soutenant le gouvernement contre les rébellions internes. Les accords de défense signés en cette période ont garanti une présence militaire française dans le pays, souvent en échange de soutien économique et politique.
2. **Période de conflits internes (1970-1990)** : Les années 1970 et 1980 ont été marquées par des conflits internes majeurs au Tchad, dont la guerre civile et les rébellions contre le régime en place. La France a souvent été impliquée directement ou indirectement dans ces conflits, en fournissant un soutien militaire ou en intervenant pour « stabiliser » la situation, souvent au nom de la protection des intérêts français dans la région.
3. **Période contemporaine (1990-Présent)** : Depuis les années 1990, la présence militaire française a été ajustée en fonction des nouvelles réalités géopolitiques, telles que la montée du terrorisme islamiste crée de toute pièce et les crises humanitaires. La France a maintenu une présence militaire à travers des opérations de maintien de la paix, de formation des forces locales et d'interventions ciblées contre les groupes armés.

Les accords de défense entre la France et le Tchad ont constitué la base juridique de la présence militaire française dans le pays. Ces accords, souvent signés dans un contexte de coopération bilatérale, ont permis à la France d'établir des bases militaires, de former les forces armées locales, et d'assurer des interventions en cas de besoin (Dagozo et

Aloua, 2023). Ces accords ont été des instruments clés permettant à la France de maintenir une influence militaire sur le Tchad. Ils ont souvent inclus des clauses sur la coopération en matière de sécurité, le soutien militaire en cas de conflit, et la fourniture d'équipements et de formation pour les forces armées tchadiennes. Pour ce qui est des Missions militaires au Tchad, elles ont varié en fonction des besoins sécuritaires et politiques du pays. Parmi les principales missions, on trouve la lutte contre les groupes armés, le soutien aux opérations de maintien de la paix et l'assistance dans les crises humanitaires. Ces missions ont souvent été réalisées sous l'égide de la France mais ont également impliqué des opérations conjointes avec d'autres pays et organisations internationales (Dagozo et Aloua, 2023).

Dagozo et Aloua (2023) soutiennent que l'impact de la présence militaire française sur la souveraineté du Tchad et son développement économique est à la fois complexe et nuancé. D'un côté, cette présence est souvent considérée comme un appui indispensable face aux menaces sécuritaires, tant internes qu'externes. De l'autre, elle soulève des inquiétudes quant à la dépendance croissante du Tchad à l'égard de la France, avec des répercussions directes sur sa souveraineté nationale et sa capacité à prendre des décisions autonomes.

Impact sur la souveraineté : La présence militaire française a souvent été critiquée pour limiter la souveraineté nationale du Tchad. Les accords de défense et les interventions fréquentes ont accordé à la France une influence considérable sur les décisions politiques et sécuritaires du pays, soulevant ainsi des questions sur la véritable autonomie du Tchad dans la gestion de ses affaires internes. Cette situation a engendré un sentiment de dépendance, où la prise de décision tchadienne semble, dans certains cas, subordonnée aux intérêts stratégiques français.

Impact sur le développement : Sur le plan du développement économique, l'effet est tout aussi ambivalent. D'un côté, elle a contribué à maintenir un certain niveau de stabilité, particulièrement durant les périodes de crises majeures, permettant ainsi au Tchad de poursuivre des projets de développement, même de manière limitée. De l'autre, cette stabilité s'est souvent traduite par une orientation des ressources et des investissements vers des objectifs sécuritaires, au détriment des secteurs essentiels comme l'éducation, la santé et les infrastructures. Cette priorisation des dépenses sécuritaires a restreint les perspectives de développement à long terme, perpétuant ainsi une stagnation économique qui freine la véritable autonomie et la croissance durable du pays.

En somme, la présence militaire française au Tchad, bien qu'ayant apporté une réponse à certaines menaces immédiates, a eu des effets pervers sur la souveraineté nationale et a détourné les ressources qui auraient pu soutenir un développement plus équilibré et bénéfique pour la population tchadienne.

L'influence militaire française sur la politique tchadienne est notable, en particulier en termes de soutien politique et de contrôle des dynamiques internes. La France a souvent soutenu certains régimes en place, influençant ainsi les politiques internes du Tchad. Cette influence a pris diverses formes :

1. **Soutien aux régimes en place** : La France a soutenu certains régimes tchadiens, souvent en échange de la garantie de leurs intérêts géopolitiques et économiques. Ce soutien a inclus une assistance militaire et politique, mais a également conduit à des critiques concernant le

manque de soutien aux processus démocratiques et aux réformes politiques.

2. **Contrôle des dynamiques internes** : L'influence militaire a également impliqué un certain contrôle des dynamiques internes au Tchad, souvent par la gestion des conflits et la médiation dans les crises politiques. Cette intervention a permis à la France de maintenir une position stratégique dans la région mais a parfois limité l'évolution politique interne du Tchad.

Le renforcement des capacités des militaires tchadiens a été influencé par la présence militaire française de plusieurs manières :

1. **Formation des forces armées** : Les programmes de formation fournis par la France ont permis aux forces armées tchadiennes de développer des compétences en matière de défense et de sécurité. Cependant, la dépendance à ces formations a également limité l'autonomie des forces locales dans la gestion de leurs propres besoins sécuritaires (Dagozo et Aloua, 2023).
2. **Assistance technique et équipement** : L'assistance technique et les équipements fournis par la France ont contribué à moderniser les capacités militaires du Tchad. Néanmoins, cette assistance a souvent été conditionnée par des engagements politiques et économiques, ce qui a influencé la manière dont le Tchad a pu utiliser ces ressources pour ses propres objectifs (Dagozo et Aloua, 2023).

Les critiques de la présence militaire française au Tchad sont diverses et portent sur plusieurs aspects :

1. **Critiques de la dépendance sécuritaire** : La dépendance sécuritaire vis-à-vis de la France est souvent critiquée pour ses implications sur la souveraineté nationale et l'autonomie du Tchad. Les critiques soulignent que cette dépendance limite les capacités du pays à développer des solutions locales pour ses défis sécuritaires.

2. Conséquences actuelles : Les conséquences actuelles de cette présence militaire incluent des tensions politiques internes, des critiques concernant l'impact sur le développement économique, et des questions sur l'efficacité des interventions françaises dans la gestion des crises. Ces conséquences reflètent les défis continus de la relation franco-tchadienne et les implications pour l'avenir du Tchad.

En conclusion, les critiques de la présence militaire française au Tchad révèlent un paradoxe profond entre la nécessité d'un soutien face aux défis sécuritaires et la perte partielle d'autonomie que cette présence implique. Alors que la dépendance sécuritaire fragilise la souveraineté nationale et la capacité du Tchad à développer ses propres solutions, les conséquences de cette présence se font ressentir sur le plan politique et économique. La relation franco-tchadienne, marquée par ce déséquilibre, continue de soulever des interrogations quant à l'avenir du pays.

1. Contexte historique et origines de la présence militaire française au Tchad

La présence militaire française au Tchad est un sujet complexe qui suscite des débats passionnés tant sur le plan national qu'international. Historiquement enracinée dans les relations coloniales, cette présence a évolué au fil des décennies, mais elle reste profondément ancrée dans la réalité politique et sociale du pays. Dans cette partie, nous allons examiner l'histoire de cette présence, les raisons qui la justifient selon les autorités françaises et tchadiennes, ainsi que les conséquences qu'elle a sur la souveraineté nationale, la sécurité et le développement du Tchad.

- **Historique de la présence militaire Française**

La présence militaire française au Tchad remonte à la période coloniale, où le pays était intégré dans l'Afrique équatoriale française. En 1900, la France établit un contrôle administratif sur le territoire tchadien, englobant diverses régions sous un même gouvernement colonial. Cette période coloniale marque le début d'une influence française profonde sur les structures politiques, administratives et militaires du Tchad. Les autorités coloniales françaises ont imposé des structures de gouvernance qui ont souvent ignoré les réalités ethnographiques et culturelles locales. Les forces militaires françaises ont joué un rôle crucial dans la répression des révoltes locales et la gestion des conflits internes. L'impact de ces politiques coloniales se fait encore sentir aujourd'hui, influençant la structure sociopolitique du Tchad (Debos, 2020).

Après l'indépendance en 1960, le Tchad a continué d'entretenir des relations étroites avec la France, en partie en raison de l'instabilité politique et des conflits internes qui ont marqué son histoire. Les différentes interventions militaires françaises, qu'elles soient officielles ou discrètes, ont souvent été justifiées par la nécessité de maintenir la paix et de lutter contre le terrorisme, notamment face aux menaces de groupes armés et d'organisations terroristes (Debos, 2020).

- **Justifications de la présence française**

À l'indépendance en 1960, le Tchad hérite d'une administration et d'une armée formées selon les besoins coloniaux français. Le gouvernement nouvellement indépendant, dirigé par François Tombalbaye, doit faire face à une situation politique complexe, marquée par des conflits internes et des tensions ethniques exacerbées par les divisions créées durant la période coloniale. Les premières années postindépendance sont caractérisées par une instabilité politique accrue, avec des coups d'État et des révoltes armées. L'armée tchadienne, formée par les Français, devient un acteur clé dans la gestion de ces crises. Les relations militaires entre le Tchad et la France restent étroites, avec une coopération continue en matière de formation et d'équipement militaire (Debos, 2020).

Selon Balmond (2021), les autorités françaises avancent plusieurs raisons pour justifier leur présence au Tchad :

- **Lutte contre le terrorisme** : La France se positionne comme un acteur clé dans la lutte contre le terrorisme au Sahel. Le Tchad, situé au cœur de cette région volatile, est perçu comme un allié stratégique dans cette lutte, en fournissant des troupes et des ressources.

- **Stabilité régionale** : Les gouvernements français affirment que leur intervention vise à maintenir la stabilité dans une région où des conflits peuvent facilement se propager, menaçant ainsi non seulement le Tchad mais aussi ses voisins.

- **Coopération militaire** : Des accords de défense entre le Tchad et la France permettent à cette dernière de fournir une assistance militaire et logistique. Cette coopération est présentée comme un soutien au développement des capacités de l'armée tchadienne.

Bien que la France se présente comme un partenaire de soutien, la réalité sur le terrain est plus nuancée. La présence militaire française au Tchad entraîne des répercussions significatives sur plusieurs niveaux :

- **Souveraineté nationale** : La dépendance croissante du Tchad à l'égard de la France pour sa sécurité remet en question la souveraineté du pays. Les décisions militaires sont souvent perçues comme imposées plutôt que consensuelles, ce qui engendre des ressentiments au sein de la population et des critiques à l'égard du gouvernement tchadien.

- **Impact sur la gouvernance** : La présence militaire française peut contribuer à un statu quo qui maintient en place des régimes autoritaires. Cela peut freiner les réformes démocratiques et renforcer la répression des voix dissidentes, créant ainsi un environnement politique instable.

- **Conséquences socio-économiques** : Les ressources financières consacrées à la coopération militaire peuvent être détournées des investissements dans des secteurs essentiels comme la santé, l'éducation et le développement économique. Les dépenses militaires prennent souvent le pas sur les besoins sociaux, exacerbant ainsi la pauvreté et les inégalités.

- **Réactions de la population** : La présence militaire française suscite des sentiments ambivalents parmi la population tchadienne. D'une part, certains voient la France comme un protecteur contre les menaces terroristes, tandis que d'autres perçoivent son intervention comme une forme de néocolonialisme. Ces sentiments peuvent se traduire par des manifestations, des révoltes et un nationalisme croissant, mettant en danger la stabilité.

Il est crucial d'analyser la présence militaire française au Tchad sous un angle critique. Alors que la France justifie son intervention par la nécessité de préserver la sécurité et la stabilité, il est essentiel de se demander si ces actions servent réellement les intérêts du peuple tchadien ou si elles ne font que préserver des intérêts géopolitiques plus larges.

De plus, la dépendance vis-à-vis de l'assistance militaire étrangère pose des questions sur la capacité du Tchad à développer ses propres solutions de sécurité.

- **Accords de Défense**

Accords initiaux : Les accords de Défense signés en 1960 ont été fondamentaux pour établir une coopération militaire continue entre le Tchad et la France. Ces accords ont permis à la France de maintenir une présence militaire sur le sol tchadien, établissant des bases qui ont servi à soutenir les opérations régionales et à protéger les intérêts français (Debos, 2020). Le Premier accord majeur, signé lors de la visite du président tchadien François Tombalbaye en France, stipule que la France fournirait une assistance militaire en échange de droits de présence sur le territoire tchadien. Ce partenariat a permis à la France de déployer ses forces pour soutenir le Tchad dans ses efforts de stabilisation (Dagozo et Aloua, 2023).

Évolution des accords : Au fil des décennies, ces accords ont été régulièrement renouvelés et modifiés pour répondre aux besoins changeants et aux évolutions politiques. En 1986, un nouvel accord a été signé pour renforcer la coopération militaire en réponse à la crise du Tchad et aux tensions avec la Libye. Cet accord a élargi les rôles des forces françaises, leur permettant d'intervenir directement en cas de conflit et de soutenir les opérations de maintien de la paix. Ces accords ont également eu des implications pour la souveraineté du Tchad. La présence militaire française a été perçue par certains comme un instrument de contrôle, influençant les politiques internes et les décisions du gouvernement tchadien. Les bases militaires françaises sont devenues des centres névralgiques pour les opérations régionales et les interventions militaires (Dagozo et Aloua, 2023).

Implications juridiques et pratiques : Les accords de Défense ont été conçus pour permettre une coopération étroite tout en respectant les souverainetés nationales. Cependant, la présence militaire française a parfois été critiquée pour son impact sur l'autonomie politique du Tchad. Les bases militaires françaises ont souvent été utilisées comme points de lancement pour des opérations régionales, influençant les décisions politiques internes du pays (Dagozo et Aloua, 2023).

- **Contexte géopolitique**

Situation géopolitique régionale : Le Tchad joue un rôle stratégique en Afrique centrale en raison de sa position géographique. Il est situé à la croisée des chemins entre plusieurs zones de conflit, notamment la région du Sahel, où les insurgences et les groupes armés sont actifs. Cette position a fait du Tchad un partenaire crucial pour la France, qui cherche à maintenir une présence militaire dans une région essentielle pour ses intérêts géopolitiques. La France a soutenu le Tchad dans ses efforts pour stabiliser la région et lutter contre les groupes armés. Les interventions françaises au Tchad ont souvent été justifiées par la nécessité de protéger les intérêts français et de promouvoir la stabilité régionale. Le Tchad a été un partenaire clé dans des opérations telles que l'opération Barkhane, visant à lutter contre les groupes djihadistes dans la région (Dagozo et Aloua, 2023).

Rôle du Tchad dans la stratégie française : La coopération entre les forces françaises et tchadiennes a été essentielle pour les opérations régionales. Le Tchad a joué un rôle central dans les efforts de maintien de la paix et de lutte contre les groupes armés dans la région du Sahel. Les forces françaises ont souvent travaillé en étroite collaboration avec les forces tchadiennes pour mener des opérations contre les groupes terroristes et assurer la stabilité régionale. Cependant, la présence militaire française au Tchad a aussi été source de critiques. Certains ont accusé la France d'utiliser ses bases au Tchad comme des instruments de contrôle, influençant les politiques internes et les décisions du gouvernement tchadien. La dépendance du Tchad à l'égard des forces françaises a soulevé des questions sur la capacité du pays à prendre des décisions autonomes et à maintenir une véritable souveraineté nationale (Dagozo et Aloua, 2023).

2. Accord de Défense et missions militaires

- **Contexte des opérations militaires françaises au Tchad**

Après le retour au pouvoir du général de Gaulle en 1958, la France propose une nouvelle structure de relations avec ses anciennes colonies africaines, comprenant le Tchad : la Communauté française de la Ve République. Ce projet, qui traduit la politique gaulliste envers l'Afrique, a donné lieu à divers accords, dont les accords de Défense, ayant une existence très courte, se limitant à deux ans après les indépendances en 1960. Ces accords de défense, conclus à la hâte dans un contexte de transition vers l'indépendance, ont vu le Tchad lié à la France dans un cadre juridique souvent impréparé à la réalité d'un nouvel État indépendant. Officiellement, ces accords étaient censés établir un équilibre entre l'aide militaire de la France et les avantages réciproques dans divers domaines. En réalité, ils ont établi des relations militaires et politiques inégalitaires, héritage direct de la colonisation (Hansen, 2000). La coopération militaire française, présentée comme un succès du régime gaulliste, a maintenu une présence continue de coopérants militaires au Tchad, malgré l'objectif affiché d'échapper à l'emprise coloniale. Ce cadre juridique, en fait, n'a pas su s'adapter aux évolutions politiques du Tchad (Lavroff, 1980). Les accords signés n'étaient pas explicitement des "Accords de Défense", mais plutôt des "Accords concernant l'Assistance militaire entre la République française et la République du Tchad" (Lecornec, 1963). Cette terminologie n'était pas une simple nuance stylistique ; elle reflète une différence essentielle dans le contenu. Les renforts militaires français envoyés au Tchad visaient non pas à renforcer les capacités de défense du pays, mais à sécuriser le régime en place. La présence militaire française était donc plus un instrument de maintien de la présence postcoloniale qu'une véritable aide à la sécurité nationale du Tchad (Lecornec, 1963). En réponse à une question parlementaire française, le Secrétaire d'État a précisé que les forces françaises au Tchad étaient présentes en vertu de l'accord d'assistance militaire ratifié par la loi du 28 juillet 1960, et s'inscrivaient dans le cadre de la politique française envers le tiers monde (Moyangar, 1970). Les forces armées françaises sont donc devenues un outil diplomatique pour servir les intérêts nationaux, continuant ainsi une forme déguisée de politique coloniale dans les territoires nouvellement indépendants.

Opérations militaires et leur impact : La France a utilisé les accords pour maintenir une influence stratégique en Afrique, notamment au Tchad, en exploitant les espaces pour ses opérations militaires et expérimentations. Cette présence militaire a souvent été justifiée par des raisons sécuritaires, mais en réalité, elle a permis à la France d'exercer un contrôle direct sur son ancienne colonie, diminuant ainsi son autonomie territoriale (Lavroff, 1980).

Les troupes françaises, en particulier la Légion étrangère, ont joué un rôle majeur dans les opérations militaires au Tchad. Depuis le début des années 1980, l'opération Épervier, instaurée le 13 février 1986, est devenue un symbole de la présence militaire française. Les "éléments français au Tchad" (EFT), comptant environ un millier de soldats, ont été basés à N'Djaména, Faya-Largeau et Abéché, offrant un parapluie militaire et politique pour protéger les intérêts français et soutenir le pouvoir tchadien en place.

Les événements de septembre 1963, octobre 1965, et les rébellions du BET en 1966 ont renforcé cette présence militaire, illustrant comment la France a utilisé ses forces pour soutenir les régimes favorables à ses intérêts tout en minimisant les risques pour ses propres intérêts stratégiques. La présence militaire française a été un facteur clé dans le maintien de la stabilité du pouvoir politique tchadien, mais a également été source de conflits et de perturbations internes (Lavroff, 1980). Lorsque le président Tombalbaye, initialement en bons termes avec la France, a sollicité son soutien pour lutter contre les rébellions, cela a marqué le début des interventions françaises. Cependant, en 1973, quand Tombalbaye a pris une nouvelle orientation politique, la France l'a abandonné, démontrant ainsi que son soutien était conditionnel et étroitement lié à ses propres intérêts (Moyangar, 1970). Cette dynamique a souvent conduit à une situation chaotique, exacerbant les problèmes internes du Tchad au lieu de les résoudre.

En somme, les accords de Défense et les missions militaires françaises au Tchad ont joué un rôle central dans la définition des relations postcoloniales, en favorisant une présence militaire continue au détriment de l'autonomie réelle du pays et en utilisant cette présence pour des objectifs stratégiques plus larges que la simple assistance militaire.

- **Première action militaire Française au Tchad : La Mission des Réformes Administratives (MRA)**

Contexte et objectifs de la MRA : Au début des années 1960, le Tchad, fraîchement indépendant, faisait face à des crises politiques internes et à une administration fragile. Le Président François Tombalbaye, confronté à l'inefficacité et aux lacunes dans son administration, s'est tourné vers la France pour obtenir une aide substantielle. Ce besoin urgent a conduit à la création de la Mission des Réformes

Administratives (MRA), une intervention hybride combinant aspects militaires et administratifs. La MRA a été conçue non seulement pour offrir un soutien militaire, mais aussi pour entreprendre une réforme en profondeur de l'administration tchadienne. La mission a été confiée à un ancien gouverneur d'outre-mer et se composait de 3 000 hommes, représentant la moitié de l'effectif total de l'armée tchadienne de l'époque. Parmi eux, on comptait 630 officiers et sous-officiers français. Le général Cordatellas a été désigné comme Délégué militaire de la France auprès de la MRA au Tchad (Goya, 1980).

Structure et activités de la MRA : La MRA s'est distinguée par son approche double : Une intervention militaire couplée à une mission civile axée sur la réforme administrative. Elle a mobilisé une soixantaine d'administrateurs civils et militaires français, qui ont été intégrés dans divers niveaux de l'administration tchadienne, allant des ministères aux préfectures, en passant par les cantons (Goya, 1980). Certains techniciens français ont même eu des privilèges particuliers, comme Pierre Lami, membre du Comité de défense civil-militaire, qui avait un accès direct au Président Tombalbaye. En parallèle, la MRA a mis en place des initiatives de développement local, telles que la construction de puits, de pistes, de greniers à mil, de dispensaires, et la fourniture de soins médicaux. Sur le plan militaire, la France a également contribué à la formation des forces armées tchadiennes en fournissant des cadres pour le recyclage des compagnies d'infanterie et la formation des officiers (Chapelle, 1980).

Réactions et défis : Malgré les efforts de la MRA, plusieurs défis ont émergé. Les élites tchadiennes ont perçu cette présence française comme une forme de néocolonialisme, et cette perception a conduit à des tensions avec les autorités françaises. Les critiques sur la gestion des réformes ont mené à une réduction des objectifs de la MRA, limitant désormais ses activités aux aspects purement militaires (Chapelle, 1980). Les forces françaises ont été regroupées en deux états-majors tactiques : l'un basé à Fort-Lamy, formé d'une compagnie d'infanterie et d'un escadron blindé léger, et l'autre à Mongo et Fort-Archambault (Sarh), constitué de deux compagnies. Ce dispositif a permis de mener des opérations militaires, telles que des batailles contre les rebelles du FROLINAT, avec des résultats mixtes (Goya, 1980). Malgré ces engagements, la MRA n'a pas réussi à stabiliser pleinement le pays.

Impact et répercussions : La MRA a eu un impact significatif sur le Tchad, bien qu'elle n'ait pas atteint tous ses objectifs. Sur le plan militaire, elle a contribué à des opérations contre les rebelles et a renforcé la présence française dans le pays. Cependant, les réformes administratives entreprises ont été critiquées pour leur approche perçue comme intrusive et néocoloniale, ce qui a conduit à des tensions et à une réduction des activités de la mission (Gali, 1985). L'intervention de la MRA a également laissé un héritage en matière de gestion des ressources et des projets d'infrastructure, comme la construction de dispensaires et de pistes, bien que certains projets aient été suspendus en raison de problèmes de sécurité croissants. La mission a été progressivement remplacée par l'Opération Limousin, marquant une transition dans l'approche française au Tchad et soulignant les limites de la MRA dans la stabilisation de l'ancienne colonie française (Decraene, 1969).

En résumé, la Mission des Réformes Administratives a été une tentative ambitieuse de réformer le Tchad tout en garantissant la stabilité militaire, mais elle a été confrontée à des défis importants qui ont influencé les politiques françaises ultérieures dans la région.

- **Opération Limousin (1968)**

Contexte et déclenchement : L'opération Limousin a été lancée le 14 avril 1969 en réponse à une insurrection croissante au Tchad. Ce conflit a vu l'implication directe de l'armée française avec environ 2 000 hommes mobilisés. La mission principale était de mettre fin à une rébellion contre le gouvernement tchadien, en particulier face aux actions des rebelles du Front National de Libération du Tchad (FROLINAT) qui menaçaient de renverser le régime de François Tombalbaye. Cette opération s'inscrit dans une continuité des techniques militaires employées lors de la guerre d'Algérie, utilisant des forces spéciales capables de manœuvrer efficacement dans des environnements désertiques (Dufour et Fusibet, 2011).

Déroulement de l'opération : L'opération Limousin commence avec des interventions militaires notables, telles que l'attaque de la gendarmerie de Mangalmé en 1968, qui entraîna la perte d'un soldat français (Bouquet, 1978). Le 15 mars 1968, un sous-officier français est tué à Oum-Hadjer, et deux médecins coopérants français ont également été assassinés par les forces rebelles (Bouquet, 1980). Ces incidents illustrent la gravité de la situation et la nécessité d'une intervention plus marquée. En réponse, le Président par intérim, Alain Poher, ordonne un transport aérien d'urgence pour renforcer la présence française au Tchad entre le 16 et le 18 avril 1968 (Bouquet, 1980). En août de la même année, une nouvelle vague de coopérants arrive à Faya-Largeau, mais la situation continue de se détériorer. Le Général Arnaud est alors chargé de former une armée tchadienne en pleine désorganisation, tandis que le Gouverneur Pierre Lami se concentre sur la gestion civile (Bouquet, 1980).

Missions et objectifs : L'opération Limousin a été divisée en cinq missions distinctes :

- **Mission éphémère** : Lancée en été 1968, elle visait à libérer le poste d'Aouzou assiégé par les rebelles. Cette mission, bien que rapide, n'a pas résolu les problèmes du gouvernement tchadien, qui demande une aide accrue en mai 1969. Cette mission cherchait à permettre à l'administration et l'armée locales renforcées de reprendre le contrôle du pays (Bayart, 1980).

- **Mission moquette** : Déployée dans le cadre des efforts pour stabiliser la situation et soutenir le gouvernement tchadien face aux rebelles.

- **Mission Gouro** : Cette mission se distingue par la perte tragique du fils du Général Cordatellas dans l'oasis de Gouro, et s'étend jusqu'à septembre 1972. Elle illustre les lourdes pertes humaines que la France a subies durant cette opération (Chapleau, 1990).

- **Mission Bedo** : Débute par des patrouilles dans la région du Borkou-Ennedi-Tibesti pour sécuriser le territoire. Le 11 octobre 1970, un convoi français tombe dans une embuscade sur la piste Faya-Bardaï, faisant 11 morts et 25 blessés parmi les soldats français (Dufour, 2011).

- **Mission Picardie II** : Complète l'effort militaire dans le cadre de l'Opération Limousin, se concentrant sur des objectifs spécifiques liés à la rébellion et à la stabilisation régionale.

- **Résultats et Répercussions** : L'opération Limousin, bien que dotée d'un objectif clair de stabilisation, n'a pas entièrement atteint ses buts initiaux. Les forces françaises ont réussi à sécuriser certaines régions et à combattre les rebelles, mais les lourdes pertes humaines et les défis persistants ont conduit à un changement stratégique. L'opération est finalement rebaptisée opération

Bison pour refléter une nouvelle phase de l'engagement français au Tchad Dufour, 2011).

En somme, l'opération Limousin représente un effort significatif de la France pour soutenir le Tchad dans ses difficultés internes, tout en affrontant une insurrection complexe. Les missions successives ont tenté de répondre aux besoins militaires et administratifs du pays, mais les coûts humains et les défis opérationnels ont conduit à des ajustements dans la stratégie française.

- **Opération Bison (1970)**

Contexte et déclenchement : L'opération Bison, lancée en 1970, se compose de deux phases distinctes. La première phase, qui couvre le deuxième semestre de l'année, est marquée par une intensification des opérations défensives en réponse au soutien accru du nouveau régime libyen du colonel Kadhafi aux rebelles du Front National de Libération du Tchad (FROLINAT). En juillet 1970, Kadhafi fournit une aide substantielle au FROLINAT, renforçant leur capacité à mener des offensives contre les postes avancés dans le BET (Borkou-Ennedi-Tibesti). Avec l'arrivée de renforts en provenance de Fort-Lamy et de Fort-Archambault, les troupes françaises parviennent à dégager les postes encerclés (Goya, 1980). Cette intervention directe des troupes françaises surprend les populations locales, qui avaient établi des relations pacifiques avec les forces françaises au cours des quarante années de présence dans le BET. L'opération Bison était caractérisée par deux grandes missions : Mission Kouroudi et Mission Languedoc. Ces missions ont pour but de neutraliser les forces du FROLINAT, estimées à environ 320 hommes, et de mener des attaques dans la région du pays Moubi (Goya, 1980).

Première phase : Défensive, la première phase de l'Opération Bison était essentiellement défensive. Face à l'augmentation des offensives rebelles, les troupes françaises mettent en place des mesures pour protéger les postes avancés et stabiliser la situation. La réussite de cette phase est marquée par la capacité des forces françaises à repousser les attaques et à sécuriser les zones menacées (Goya, 1980).

Deuxième phase : Offensive, la deuxième phase de l'Opération Bison débute en juin 1971 avec un changement stratégique vers une offensive directe. L'objectif était d'améliorer la sécurité de l'État tchadien et de protéger les investissements en cours. La France décide d'envoyer des coopérants militaires pour former des troupes et des officiers tchadiens. Initialement, la France hésite à intervenir directement pour préserver la souveraineté du Tchad. Cette phase offensive s'est concentrée sur le massif du Tibesti, où le Général Cortadellas dirigeait une force combinée de 900 coopérants militaires et 350 soldats tchadiens. Les troupes étaient équipées de 150 véhicules, 18 hélicoptères et 8 avions pour traquer les rebelles dans la région du Tibesti (Dufour, 2011). Pendant cette phase, le FROLINAT subit d'énormes pertes, ce qui marque un tournant dans le conflit.

Réactions et conséquences : Malgré la quasi-décimation du FROLINAT, la Libye de Kadhafi continue de soutenir la rébellion tchadienne. Cette ingérence conduit à une rupture des relations diplomatiques entre le Tchad et la Libye. En réponse, Kadhafi reconnaît le FROLINAT comme le représentant légitime du peuple tchadien, facilitant leur installation en Libye et leur fournissant des bases et des camps d'entraînement (Chapelle, 1980). Sous la supervision du Président nigérien Diori Hamani, les relations diplomatiques entre le Tchad et la Libye sont rétablies en 1972. Toutefois, la Libye maintient son soutien au FROLINAT. En décembre 1972, le Président tchadien François Tombalbaye se rend à Tripoli et obtient une promesse de 23 milliards de francs CFA et l'expulsion du FROLINAT de Libye. En juin 1973, après l'expulsion officielle des rebelles, la Libye continue de soutenir la rébellion tchadienne en occupant pacifiquement la bande d'Aouzou. Ce territoire, riche en ressources minières telles que l'uranium, est d'une importance stratégique pour les deux pays et marque un point de tension géopolitique important dans la région. La Libye établit son drapeau sur le poste militaire d'Aouzou et distribue des cartes d'identité à la population locale, consolidant ainsi sa présence dans la région contestée (Chapelle, 1980).

Répercussions de l'occupation de la bande d'Aouzou : L'occupation de la bande d'Aouzou par la Libye a suscité des réactions variées, tant au niveau national qu'international. Lors d'une interview sur l'occupation, le Président François Tombalbaye a répondu de manière évasive : « *Mon gouvernement s'occupe de cette question* » (Chapelle, 1980). Cette réponse, jugée insuffisante par certains observateurs, a alimenté des rumeurs selon lesquelles la bande d'Aouzou aurait été vendue à la Libye pour un montant de 23 milliards de francs CFA. Ces spéculations ont exacerbé les tensions et les interrogations sur la politique étrangère et les décisions de Tombalbaye (Chapelle, 1980).

Intervention Française et ses conséquences : Entre 1969 et 1972, la France a joué un rôle crucial dans l'intervention militaire au Tchad pour soutenir l'État contre le FROLINAT. Cette intervention a été l'une des premières de son genre après la décolonisation et a marqué un tournant dans les conflits post-coloniaux. Avec l'engagement de milliers de soldats français, dont 141 ont été tués ou blessés, cette guerre a laissé une empreinte profonde sur la mémoire collective (Abzac et al., 2004). La France a employé diverses tactiques pour contrer les insurgés du FROLINAT. Parmi ces méthodes figuraient la destruction de villages, l'incendie de palmeraies, le mitraillage de troupeaux et l'empoisonnement des puits. Cependant, malgré ces efforts militaires intensifs, les résultats escomptés n'ont pas été atteints. Les rebelles du FROLINAT ont continué à poser des menaces sérieuses au pouvoir en place à Fort-Lamy, illustrant la difficulté de vaincre une insurrection persistante (Abzac et al., 2004).

Nouvelle opération : Face à l'échec relatif de l'Opération Bison à résoudre le conflit de manière définitive, une nouvelle opération est envisagée. Les défis rencontrés lors de cette phase montrent l'ampleur de la complexité du conflit et soulignent la nécessité d'une stratégie plus efficace pour stabiliser la situation et renforcer l'autorité du gouvernement tchadien. Cette situation pousse les autorités françaises à reconsidérer leur approche et à envisager des interventions supplémentaires pour assurer une solution durable à la crise tchadienne. Les interventions militaires, malgré leur intensité et leurs coûts, n'ont pas suffi à éliminer les causes profondes du conflit. La dynamique de la guerre et les implications politiques de la présence militaire étrangère continuent de façonner la réalité politique du Tchad et de ses relations avec ses voisins (Abzac et al., 2004). La suite des événements mettra en lumière les nouvelles stratégies employées pour affronter les défis persistants dans la région.

- **Opération Tacaud (1978)**

Contexte et déclenchement : L'opération Tacaud, lancée en 1978, était une réponse directe à l'humiliation infligée à l'armée française par la rébellion tchadienne. Le 21 avril 1974, le Commandant Galopin était capturé et exécuté par Hissène Habré, un événement qui a provoqué une crise dans les relations franco-tchadiennes. En réaction à cet affront, le Général Malloum, alors Président du Tchad, demanda le retrait des troupes françaises et tenta en vain de négocier directement avec le FROLINAT. La situation dans le Tibesti s'était détériorée : le FROLINAT occupait désormais des villes clés telles que Faya, Fada, Koro-Toro et Oum-Hadjer. Face à cette menace croissante, le Général Malloum se tourna à nouveau vers Paris pour obtenir de l'aide. En 1976, des accords de coopération militaire ont été signés, entraînant le redéploiement des forces françaises sous l'Opération Tacaud (Abzac et al., 2004).

Missions de l'opération Tacaud : L'opération Tacaud a joué un rôle stratégique dans plusieurs batailles clés contre les Forces Armées Populaires (FAP) et le Changement Démocratique Révolutionnaire (CDR) dirigé par Acyl Ahmat Akhabach. Les principales batailles de cette opération ont inclus Salal, Ati et Djedda (Abzac et al., 2004).

Bataille de Salal : La bataille de Salal a débuté par des opérations de renseignement aérien. L'objectif principal était de reprendre le poste administratif stratégique de Salal, situé sur la route N'Djamena-Moussoro. Un détachement d'hélicoptères français est envoyé pour surveiller les positions rebelles. Cependant, l'un des hélicoptères a été abattu, tandis que l'autre a réussi à localiser les forces adverses (Oki, 2020). Face à environ 500 combattants des FAP dirigés par Goukouni Weddeye, le commandement français décida de structurer l'opération en quatre phases. Le 27 avril 1978, le Général Bredèche ordonna un repli stratégique pour demander des renforts, notamment des chasseurs Jaguar en provenance de Dakar. Après des combats intenses, l'opération Tacaud réussit à reprendre Salal et se tourna vers la conquête des localités d'Arada et de Guereda (Oki, 2020).

Bataille d'Ati : La bataille d'Ati, qui s'est déroulée le 18 mai 1978, était une confrontation majeure contre les forces de l'armée Volcan d'Acyl Ahmat. Une mission de reconnaissance révéla la présence de rebelles lourdement armés dans la ville. Les premières unités de Tacaud étaient accueillies par un feu intense, faisant une première victime française. Les avions Jaguar intervenaient pour nettoyer la zone, mais les combattants du Volcan se sont repliés. Le bilan était lourd pour l'armée d'Acyl : environ 80 rebelles tués, contre un mort et cinq blessés du côté français (Oki, 2020).

Bataille de Djedda : La bataille de Djedda était marquée par de lourdes pertes pour l'Opération Tacaud. Après une mission de reconnaissance, les forces françaises ont passé à l'offensive. La bataille s'est soldée par la perte de nombreux officiers et soldats français, dont le Lieutenant-colonel Léon Pachebat, Robert Jacquel, Jacques François et le Capitaine Serge Linemann. Un avion de chasse Jaguar (n°A106EC111), était abattu le 13 mai 1978 (Oki, 2020). Les combattants du Volcan, en signe de victoire, regagnèrent leur base à Arada et avancèrent vers Faya-Largeau. Les pertes importantes subies par l'Opération Tacaud modifia la dynamique du conflit entre le Tchad et la Libye, menant à la formation du Gouvernement d'Union Nationale de Transition (GUNT) (Oki, 2020).

Conclusion et Impact : L'opération Tacaud, bien que marquée par des succès militaires, a entraîné des pertes significatives et des ajustements stratégiques. Les échecs et les succès de cette opération ont posé les bases pour la prochaine intervention française, l'Opération Manta, qui visera à stabiliser davantage la situation au Tchad. L'opération Tacaud reste un exemple des défis complexes auxquels les forces françaises ont été confrontées dans leur soutien aux gouvernements africains en lutte contre les rébellions internes et les interventions étrangères.

- **Opération Manta (1983)**

Contexte et déclenchement : L'opération Manta a été lancée le 8 août 1983 en réponse à la menace posée par le Gouvernement d'Union Nationale de Transition (GUNT), soutenu par l'aviation libyenne sous la direction de Mouammar Kadhafi. Le Président Hissène Habré, face à l'agression libyenne, sollicita l'intervention de la France pour contrer les ambitions expansionnistes de Kadhafi et soutenir le gouvernement tchadien. Au début de l'opération, des problèmes logistiques surgissaient, notamment dans l'acheminement du carburant pour les avions de chasse. Pour résoudre ces difficultés, la compagnie Minerve a été mobilisée afin de garantir un approvisionnement continu depuis l'aéroport de N'Djamena (Spartacus, 1984).

Déroulement de l'opération Manta : Le dispositif aérien de l'opération Manta était composé de 30 hélicoptères, ainsi que de sections de missiles et de radars basées à N'Djamena. Une ligne rouge a été définie au 15ème parallèle, avec pour consigne qu'une incursion au-delà de cette ligne entraînera une réponse immédiate des troupes françaises. Les forces libyennes, bloquées au Nord, voient la situation se stabiliser pendant un certain temps, mais finissent par franchir la ligne rouge. Un affrontement s'est produit lorsque des patrouilles de Mirage F1 ont intercepté les avions libyens au nord de Salal, forçant les pilotes libyens à modifier leur trajectoire vers le nord du Tchad (Spartacus, 1984).

Incidents et bilan des combats : En janvier 1984, les troupes du GUNT ont franchi la « ligne rouge » pour attaquer le poste de Ziguey à la frontière nigérienne. Pendant cette offensive, une colonne de Toyota, détentrice de deux humanitaires de Médecins Sans Frontières (MSF), a été ciblée par les avions français. Les humanitaires ont été libérés, mais l'avion Mirage piloté par le capitaine Croci a été endommagé. Le pilote s'est parachuté mais meurt après l'éjection. En mémoire du capitaine Croci, l'aéroport militaire d'Abéché est nommé en son honneur. De plus, un Jaguar piloté par le Commandant Bernard Voelckel s'écrasa dans une dune près de Siltou à Oum Chalouba. Face à ces pertes, la « ligne rouge » a été réajustée au 16ème parallèle (Spartacus, 1984).

Retrait et impact : En réponse à une demande unilatérale du Colonel Kadhafi, un retrait des troupes Manta du Tchad était prévu pour avril 1984. Les troupes libyennes, désormais confinées au nord du Tchad, rencontraient des tensions avec les forces du GUNT. Le 17 septembre, un accord de désengagement total est annoncé entre Paris et Tripoli, bien que le problème de la bande d'Aouzou resta non résolu. Les troupes françaises se retirèrent progressivement jusqu'à novembre 1984. Les troupes libyennes retardèrent leur départ en justifiant le délai par des travaux d'infrastructure à Ouadi Doum, entre Faya-Largeau et la bande d'Aouzou, notamment une piste de 2000 mètres (Spartacus, 1984).

Impact de l'opération Manta : L'Opération Manta s'est distinguée par ses effectifs importants, avec environ 3 000 officiers et soldats, ainsi que par ses ressources logistiques considérables, incluant des avions et d'autres équipements stationnés à N'Djamena. Elle représente la plus grande opération militaire française depuis la fin de la guerre d'Algérie et constitue la première opération défensive aérienne projetée hors du territoire national français. Malgré les défis posés par le climat désertique et les capacités d'accueil limitées, l'Opération Manta, principalement aérienne mais aussi défensive au sol, a été un facteur dissuasif important. Elle a marqué une ligne de démarcation au Tchad, les parallèles 15ème et 16ème, et a préparé le terrain pour l'Opération Épervier, lancée pour poursuivre les objectifs de stabilisation dans la région.

- **Opération Épervier (1986-2014)**

Contexte et déclenchement de l'opération épervier : L'Opération Épervier succède à l'Opération Manta (1986), avec pour objectif principal de prévenir la prise du pouvoir par le GUNT, soutenu par les forces armées libyennes. Sous la direction de Goukouni Weddeye, les troupes du GUNT franchissent la « ligne rouge » au 16ème parallèle et se dirigea vers N'Djamena, la capitale tchadienne. En réponse à cette menace accrue, le Président Hissène Habré sollicita à nouveau le soutien de la France et des États-Unis pour contrer l'offensive libyenne (Al-Watan, 1986).

Déroulement de l'opération Épervier

Réaction initiale et premier raid : La première mission majeure de l'Opération Épervier, baptisée Tryonix, visait à attaquer la base libyenne de Ouadi Doum, en particulier la piste aérienne qui pourrait permettre à l'aviation libyenne de survoler tout le territoire tchadien. Pour accomplir cette mission, une équipe aérienne a été envoyée depuis Libreville au Gabon et Bangui en République Centrafricaine. Dirigée par l'Adjudant-Chef Saint Lanne, la mission utilisa des bombes anti-piste pour endommager gravement la piste de Ouadi Doum (Al-Watan, 1986). En réponse, l'aviation libyenne attaqua N'Djamena, créant un cratère sur la piste, nécessitant une réparation rapide par les ingénieurs militaires français (Al-Watan, 1986).

Intensification des opérations aériennes : Le dispositif aérien de l'Opération Épervier a été renforcé pour faire face aux menaces croissantes. Il comprenait six Jaguars, huit Mirages, un Breguet Atlantic et sept Transall basés à N'Djamena, ainsi que six Jaguars, six Transall et un Breguet Atlantic à Bangui, et deux Transall à Libreville (Al-Watan, 1986). Les forces aériennes intensifaient leurs activités au-dessus du Tchad, notamment avec la mission Tobus, la plus longue mission de reconnaissance réalisée par le Mirage IV dans le cadre de l'opération (Al-Watan, 1986).

Contribution Américaine et conclusion de l'opération : Les États-Unis ont apporté principalement un soutien logistique à l'opération Épervier. Cette opération, la plus longue jamais menée au Tchad, se termina le 1er août 2014. Elle a été alors remplacée par l'opération Barkhane, conformément à l'accord de coopération technique signé entre la France et le Tchad. Cet accord prévoit un soutien logistique et un appui en renseignement aux forces armées tchadiennes dans leur lutte contre le terrorisme au Sahel (Al-Watan, 1986).

- **Impact et héritage de l'opération Épervier**

L'Opération Épervier se distingue par sa durée et son impact stratégique, ayant marqué une phase cruciale dans les interventions militaires françaises au Tchad. Elle a non seulement stabilisé la situation sur le terrain, mais a aussi préparé le terrain pour la coopération future dans le cadre de la lutte contre le terrorisme au Sahel, renforçant ainsi les relations franco-tchadiennes.

- **Analyse critique de l'opération Barkhane**

Contexte et objectifs : L'opération Barkhane a été lancée le 1er août 2014 pour succéder à l'opération Serval au Mali et s'inscrit dans le cadre de la stratégie française visant à lutter contre les groupes terroristes dans la région du Sahel. Son objectif principal était de soutenir les forces armées des pays du Sahel, à savoir le Mali, le Niger, le Tchad, et le Burkina Faso, dans leur lutte contre les groupes djihadistes, tels qu'Al-Qaïda au Maghreb islamique (AQMI) et les groupes affiliés (Commission des affaires étrangères, de la défense et des forces armées française, dans son rapport d'information, *Quel bilan pour l'opération « barkhane »* ? s du 2 juillet 2021).

Bien que l'opération soit officiellement justifiée par le renforcement de la sécurité régionale, elle a suscité des critiques pour son caractère interventionniste. Cela soulève des interrogations quant à son véritable objectif : est-ce réellement une initiative de stabilisation ou une nouvelle manifestation de néocolonialisme camouflée sous le prétexte de la sécurité ?

Déploiement et ressources : pour Camille Laville (2016) dans son étude : *Les dépenses militaires et l'aide au développement au Sahel : quel équilibre ? Comparaison entre les budgets des opérations militaires menées au sahel et les financements alloués au développement*, l'analyse des dépenses pour l'année 2014 révèle que la communauté internationale a alloué environ 4 milliards de dollars américains en aide au Sahel, contre 1,5 milliard de dollars pour diverses interventions militaires. La France, quant à elle, occupe une position particulière parmi ces acteurs internationaux. En 2014, elle a investi environ 653 millions de dollars dans la sécurisation du Sahel, tandis que son aide au développement bilatéral s'élevait à seulement 241 millions de dollars. Cela fait d'elle le principal contributeur bilatéral à la sécurité de la région, mais seulement le deuxième en termes d'aide bilatérale, derrière les États-Unis.

Dans ce contexte, l'opération Barkhane représente l'un des principaux leviers de la stratégie française au Sahel, mobilisant environ 5 100 soldats sur le terrain. Pour soutenir les opérations aériennes, terrestres et de renseignement, la France a mis en place une série de bases avancées dans plusieurs pays du Sahel. Cette présence s'accompagne d'un arsenal militaire conséquent, comprenant des avions de chasse, des drones, des hélicoptères et un soutien logistique substantiel, démontrant l'ampleur de son engagement dans la région. Cependant, bien que l'opération Barkhane ait apporté un appui notable aux forces locales, la concentration massive de ressources militaires françaises et le déploiement de troupes soulèvent des interrogations quant à leur impact à long terme. Cette intervention constitue-t-elle une solution durable pour la région, ou n'est-elle qu'une réponse temporaire à un problème structurel plus profond ?

Réalisations et limites : L'opération Barkhane a réussi à « affaiblir » certains groupes terroristes et à améliorer la sécurité dans certaines zones. Des opérations ciblées ont permis de neutraliser des leaders de groupes djihadistes et de détruire des infrastructures utilisées par les groupes armés. Cependant, malgré ces « succès » tactiques, la situation sécuritaire dans la région reste fragile, avec des attaques sporadiques et une résilience persistante des groupes armés. La question cruciale est de savoir si les « succès tactiques » ont eu un impact stratégique sur la stabilité régionale. La persistance des groupes terroristes et la montée des insurrections locales suggèrent que les interventions militaires ne suffisent pas à résoudre les problèmes sous-jacents, tels que les conflits ethniques, la gouvernance faible, et le développement économique insuffisant.

Relations internationales et réactions : L'opération Barkhane s'inscrit dans un contexte plus large de coopération internationale contre le terrorisme, avec un soutien de partenaires européens et internationaux, et est intégrée dans le cadre de l'initiative de G5 Sahel. Cependant, elle a également été confrontée à des critiques, tant au niveau local qu'international, concernant son efficacité et ses impacts sur les relations entre la France et les pays du Sahel.

L'opération Barkhane illustre les complexités des interventions militaires internationales dans des contextes de crise régionale. Bien qu'elle ait permis de réaliser des avancées importantes dans la lutte contre le terrorisme, elle soulève des questions critiques sur la durabilité de l'approche militaire, l'impact sur la souveraineté des pays concernés, et la nécessité de solutions intégrées qui combinent sécurité, développement et gouvernance. La présence militaire française au Sahel, comme dans le cas de l'Opération Barkhane, pose la question de savoir si l'intervention étrangère est un palliatif efficace ou si elle reflète un besoin plus profond de réformes structurelles dans la région.

Conclusion

La présence militaire française au Tchad représente un élément clé de la politique de défense de la France en Afrique, engendrant des implications géopolitiques et géostratégiques complexes. Au-delà de la lutte contre le terrorisme, cette présence sert également d'outil d'influence politique, de protection des intérêts économiques et de maintien d'un ordre autoritaire favorable à Paris. Cependant, cette situation pose un double défi pour le régime tchadien : bien qu'elle puisse offrir un levier de stabilité à court terme, elle risque également de se transformer en facteur d'instabilité à long terme.

En effet, à mesure que la contestation s'intensifie et que le désir de souveraineté s'affirme dans la région, la dépendance envers la France pourrait devenir un handicap. Si les objectifs du Président venaient à diverger de ceux des puissances étrangères, le pouvoir en place se verrait confronté à un dilemme. En maintenant cette présence militaire sans définir clairement ses priorités stratégiques, le Tchad court le risque de devenir otage d'une relation asymétrique. Ainsi, dès que la France choisirait de ne plus soutenir le régime en place, ou pire, d'encourager des forces dissidentes, le pays pourrait rapidement basculer dans une spirale de violence et d'instabilité.

Pour le régime tchadien, l'enjeu réside donc dans la capacité à trouver un équilibre entre la coopération sécuritaire et la préservation de son autonomie politique.

Cela nécessite une réévaluation des relations avec les forces étrangères et une affirmation claire des priorités nationales, afin d'éviter que la présence militaire française ne devienne un fardeau plutôt qu'un soutien.

L'avenir du Tchad dépendra de sa capacité à naviguer dans cette complexité et à établir une véritable souveraineté face aux influences extérieures.

CHAPITRE IV :

Perspectives d'émancipation des dynamiques postcoloniales et reconquête de la souveraineté nationale

Les dynamiques postcoloniales qui caractérisent de nombreux pays africains, et en particulier le Tchad, révèlent un paysage complexe où les héritages du colonialisme continuent d'influer sur la gouvernance, l'économie et les relations sociales. Malgré les déclarations d'indépendance, de nombreux États demeurent pris dans un enchevêtrement de dépendances, qu'elles soient économiques, politiques ou militaires, qui entravent leur pleine émancipation. Face à ce constat, la reconquête de la souveraineté nationale apparaît non seulement comme un impératif, mais aussi comme une nécessité. Les pays comme le Tchad doivent s'engager dans un processus de désappropriation de ces dynamiques néocoloniales pour établir un nouvel ordre fondé sur la dignité et l'autonomie.

Dans ce contexte, ce chapitre s'attache à explorer les différentes perspectives d'émancipation qui émergent des luttes pour la souveraineté, en examinant les initiatives politiques et les réformes économiques qui visent à redéfinir les rapports de force. En mettant en lumière les expériences locales et les efforts de réappropriation des ressources, nous chercherons à dégager des pistes pour un avenir où les nations africaines et le Tchad en particulier pourront s'affirmer pleinement, libérées des chaînes du passé colonial.

1. Repenser la souveraineté économique : Se libérer du carcan monétaire et financier

Pour sortir le Tchad de l'impasse économique engendrée par le franc CFA et restaurer sa souveraineté monétaire, plusieurs solutions peuvent être envisagées, allant de réformes internes à un retrait complet du système monétaire actuel. Voici quelques pistes concrètes :

1- Création d'une monnaie nationale indépendante

Le Tchad pourrait se retirer de la zone CFA et créer sa propre monnaie nationale. Cela offrirait au pays la possibilité d'adopter des politiques monétaires adaptées à ses besoins économiques spécifiques, d'ajuster la valeur de sa monnaie pour soutenir les exportations locales, et de mieux gérer ses réserves de change. Pour que cette transition réussisse, il est crucial de mettre en place une banque centrale indépendante, capable de gérer les politiques monétaires avec rigueur et transparence.

2- Établissement d'un Fonds de stabilisation monétaire

Une étape intermédiaire avant le retrait total du franc CFA serait la création d'un fonds de stabilisation monétaire régional, auquel les pays de la CEMAC contribueraient, permettant une plus grande autonomie dans la gestion des réserves et une transition progressive vers une monnaie commune propre à la sous-région, libérée du contrôle extérieur.

3- Renforcement de la gouvernance économique

Avant d'envisager une sortie du franc CFA, il est crucial de renforcer les institutions économiques du Tchad. La transparence, la lutte contre la corruption et la bonne gestion des ressources publiques doivent devenir des priorités pour restaurer la confiance des citoyens et des investisseurs dans la capacité de l'État à gérer efficacement une monnaie nationale.

3- Promotion de la diversification économique

L'une des faiblesses actuelles du Tchad est la dépendance à une seule ressource (le pétrole). Il est impératif de diversifier l'économie en développant d'autres secteurs comme l'agriculture, l'élevage, l'industrie légère et les services. Cela rendrait le pays moins vulnérable aux fluctuations des matières premières et plus résilient face aux chocs économiques externes.

4- Collaboration régionale pour une monnaie commune

Le Tchad pourrait plaider pour une réforme en profondeur du système CFA, en collaborant avec d'autres pays de la CEMAC pour créer une nouvelle monnaie régionale gérée par une banque centrale africaine véritablement indépendante. Cela permettrait de conserver les avantages d'une monnaie commune tout en réduisant la dépendance vis-à-vis de la France et de l'Europe.

5- Renégociation des accords monétaires

Si une sortie immédiate du franc CFA est jugée risquée, une solution serait de renégocier les accords monétaires actuels pour obtenir plus d'autonomie dans la gestion des politiques monétaires et des réserves de change, tout en réduisant la tutelle du Trésor français.

En fin de compte, la solution passe par une volonté politique forte et une mobilisation nationale pour redéfinir la souveraineté monétaire du Tchad, car sans indépendance monétaire, il sera difficile de parvenir à un développement durable et autonome.

Pour le Tchad, l'option de se doter d'une monnaie nationale indépendante représente un tournant stratégique et historique qui pourrait réorienter le pays vers une plus grande autonomie économique et une souveraineté monétaire renforcée. Cependant, il est impératif d'aborder ce processus avec prudence et rigueur, en tenant compte des réalités économiques du pays, des risques inhérents à une telle transition, et des conditions préalables nécessaires pour assurer sa réussite.

Proposition de transition monétaire vers une monnaie nationale

1. **Préparation institutionnelle et renforcement de la capacité économique :** Avant d'entreprendre la création d'une monnaie nationale, il est crucial de renforcer les institutions économiques du pays, notamment la Banque centrale, les organes de régulation financière et le ministère des Finances. La priorité doit être donnée à l'instauration d'une gouvernance économique solide, capable de piloter la politique monétaire de manière autonome et de garantir une gestion transparente et efficace des ressources publiques. Ce processus inclut la formation de cadres qualifiés, le développement d'infrastructures financières modernes, et l'établissement de mécanismes de contrôle rigoureux pour prévenir la fraude et la spéculation.

2. **Création d'une Banque Centrale indépendante et redéfinition de la politique monétaire :** Le Tchad devra fonder une Banque Centrale Nationale Indépendante dotée d'un mandat clair pour assurer la stabilité des prix, favoriser l'emploi et promouvoir une croissance durable. L'indépendance de cette banque centrale est non négociable afin d'éviter toute interférence politique susceptible de compromettre la crédibilité de la nouvelle monnaie. La nouvelle Banque centrale sera chargée de gérer les réserves de change, de surveiller les institutions financières et de

définir la politique de change du pays. Elle devra également instaurer un cadre réglementaire robuste pour la gestion du secteur bancaire et financier.

3. **Détermination du taux de change et gestion des réserves de change :** Le taux de change initial entre le franc CFA et la nouvelle monnaie tchadienne devra être soigneusement calculé pour minimiser les perturbations économiques. Il est recommandé de fixer un taux de conversion réaliste, tenant compte de la valeur actuelle de la parité du franc CFA, de la position des réserves de change et de la compétitivité de l'économie tchadienne. La Banque Centrale devra constituer des réserves de change importantes avant la mise en circulation de la nouvelle monnaie afin de garantir sa stabilité et d'assurer que les fluctuations monétaires ne nuisent pas à la confiance des investisseurs et de la population.

4. **Régime de change : Parité fixe ou flottante ?** La question du régime de change est au cœur de la transition monétaire. Le Tchad pourrait opter pour un régime de change flexible, permettant d'ajuster le taux de change selon les conditions économiques, ou une parité fixe avec un panier de devises (Rouble, USD, yuan) pour maintenir une certaine stabilité durant les premières années. Le choix du régime dépendra de la capacité du Tchad à gérer les pressions sur sa monnaie, ainsi que de son niveau de réserves. Il est crucial que la politique de change soit accompagnée d'une communication transparente et de mécanismes d'intervention sur les marchés monétaires pour éviter les crises de change.

5. **Impression et distribution de la nouvelle monnaie :** Une fois la politique monétaire définie, le Tchad devra lancer la conception, l'impression et la distribution de sa nouvelle monnaie. Cette étape inclut le choix du nom de la monnaie, la conception de billets et de pièces avec des

mesures de sécurité sophistiquées pour éviter la contrefaçon, ainsi qu'un plan logistique détaillé pour assurer une distribution fluide et ordonnée à travers le pays. Il est recommandé d'introduire la nouvelle monnaie progressivement, en la faisant coexister avec le franc CFA pendant une période de transition de 6 à 12 mois, afin d'éviter les chocs économiques soudains.

6. **Assurer la confiance du public et des investisseurs :** La confiance est l'élément le plus crucial dans la réussite de cette transition. Le gouvernement tchadien devra mener une campagne de communication massive pour expliquer les avantages de la nouvelle monnaie, rassurer le public sur sa stabilité et encadrer les attentes. Simultanément, il faudra entamer un dialogue constructif avec les investisseurs étrangers pour les convaincre de la viabilité économique du pays sous le nouveau régime monétaire. Cela pourrait inclure la mise en place d'un fonds de garantie pour protéger les investissements contre les fluctuations de change imprévues.

7. **Diversification économique et réforme structurelle :** Une monnaie indépendante ne sera viable que si elle est soutenue par une économie diversifiée et résiliente. Le Tchad devra accélérer la diversification de son économie, en s'éloignant de sa dépendance excessive au secteur pétrolier, et promouvoir le développement de l'agriculture, des services et de l'industrie légère. La nouvelle politique monétaire doit être accompagnée de réformes structurelles visant à améliorer le climat des affaires, attirer des investissements directs étrangers et encourager l'entrepreneuriat local.

8. **Coordination régionale et négociations avec la Zone CEMAC :** La transition vers une monnaie nationale ne pourra pas être menée en vase clos. Le Tchad devra

négocier avec ses partenaires de la zone CEMAC pour assurer une coordination régionale et minimiser les répercussions sur les échanges commerciaux intrarégionaux. Une sortie ordonnée du franc CFA implique également de renégocier les accords commerciaux et monétaires avec les pays voisins et les institutions financières internationales. Le Tchad pourrait proposer la création d'un Fonds monétaire de la CEMAC pour gérer les chocs macroéconomiques dans la région pendant la transition.

9. **Suivi économique continu et ajustements :** Enfin, le Tchad devra adopter une approche proactive en matière de suivi macroéconomique, en analysant en temps réel l'impact de la nouvelle monnaie sur les prix, l'emploi et les investissements. La Banque Centrale devra être prête à ajuster rapidement les politiques monétaires et à intervenir sur les marchés pour prévenir toute crise de liquidité ou de change. Un comité de surveillance indépendant pourrait être mis en place pour garantir que la transition monétaire reste alignée sur les objectifs de stabilité économique et de croissance à long terme.

La création d'une monnaie nationale indépendante est une entreprise complexe, mais elle offre l'opportunité de réorienter l'économie tchadienne vers un modèle plus souverain, moins dépendant des politiques monétaires extérieures, et mieux adapté aux réalités locales. Le succès de cette initiative dépendra de la capacité du Tchad à anticiper les défis, à mobiliser les ressources nécessaires et à instaurer une gestion rigoureuse et transparente de sa nouvelle monnaie.

2. Désendettement : Détacher les cordons de la servitude financière

Pour réduire le risque d'endettement, le Tchad doit renforcer sa mobilisation des ressources domestiques et diversifier ses partenaires de financement. La réduction de la dépendance à l'égard de Glencore et d'autres créanciers commerciaux est cruciale, car ces emprunts pèsent lourdement sur le service de la dette et limitent la capacité du pays à financer des projets de développement. Enfin, le Tchad doit intensifier ses efforts pour consolider les finances publiques, améliorer la gouvernance et renforcer la confiance des investisseurs. Cela implique une gestion plus rigoureuse des dépenses publiques, une transparence accrue et une meilleure coordination avec les créanciers multilatéraux et bilatéraux pour obtenir des conditions de financement plus favorables. En somme, malgré quelques signes d'amélioration, le chemin vers la viabilité de la dette reste semé d'embûches, et le Tchad devra faire preuve de résilience et d'agilité pour se libérer du fardeau de l'endettement.

- **Vers une stratégie de sortie de la dette**

Pour permettre au Tchad de sortir de l'endettement et restaurer sa stabilité économique, il est crucial de mettre en place une stratégie globale. Voici des propositions concrètes, basées sur des pratiques économiques éprouvées et adaptées au contexte du Tchad :

1. Renégociation stratégique de la dette

- Audit de la dette : Créer un *Comité National de l'Audit de la Dette* pour analyser la structure de la dette (identification des créanciers, conditions de prêt, taux d'intérêt, etc.) et distinguer les dettes légitimes de celles considérées comme odieuses ou non productives.

- Renégociation et restructuration : Engager des discussions avec les principaux créanciers (Banque Mondiale, FMI, créanciers privés…) pour obtenir :

  - Un rééchelonnement de la dette pour prolonger les échéances de remboursement.
  - Des réductions de taux d'intérêt ou des annulations partielles pour alléger le fardeau budgétaire.
  - Des moratoires sur les paiements en cas de crises économiques ou de catastrophes naturelles.

- Accord avec les créanciers chinois : La Chine étant un acteur majeur dans la dette tchadienne, il est crucial de négocier des accords bilatéraux pour rééchelonner ou réduire la charge de la dette, en échange de garanties de transparence et de stabilité.

2. Rationalisation et réduction des dépenses publiques

- Identification des dépenses non prioritaires : Éliminer ou réduire les subventions et projets superflus. Prioriser les investissements dans des secteurs à fort impact (éducation, santé, infrastructures).

- Lutte contre la corruption : Mettre en place une *Agence Indépendante de Surveillance des Finances Publiques* pour garantir que chaque dollar dépensé a un impact positif et éviter les détournements.

- Gestion de la masse salariale : Mettre en œuvre des réformes dans la fonction publique pour réduire la masse salariale excessive, tout en maintenant les services essentiels.

3. Diversification économique et stimulation des revenus internes

- Développement de l'agriculture : Investir massivement dans l'agriculture et l'agro-industrie pour valoriser les ressources locales, réduire la dépendance alimentaire, et stimuler l'exportation. Des subventions ciblées, l'amélioration des infrastructures rurales et le renforcement des chaînes de valeur agricole (transformation, stockage) doivent être mis en place.

- Promotion de l'industrie légère : Encourager l'investissement privé dans des industries locales telles que la transformation des produits alimentaires, les textiles, et les biens de consommation pour diversifier les sources de revenus.

- Exploitation responsable des ressources minières : Réformer le cadre légal et réglementaire pour garantir une exploitation transparente et durable des ressources naturelles (pétrole, or, uranium) afin d'augmenter les revenus de l'État tout en minimisant les impacts sociaux et environnementaux.

4. Amélioration des recettes fiscales

- Réforme fiscale : Simplifier le système fiscal pour le rendre plus transparent et accessible, tout en augmentant la base fiscale. Cela inclut :

  - La réduction des exonérations fiscales injustifiées.
  - Le renforcement de la taxation des entreprises extractives et des multinationales.
  - La mise en place d'une TVA sur les services à fort potentiel (télécommunications, banques).

- Numérisation du système fiscal : Utiliser des technologies numériques pour améliorer la collecte d'impôts, limiter l'évasion fiscale, et augmenter la transparence. Par exemple, mettre en place un système de déclaration en ligne et de paiement électronique pour les entreprises.

- Implication des autorités locales : Déléguer une partie de la collecte fiscale aux collectivités locales pour renforcer l'efficacité et l'équité.

5. Optimisation de la gestion des ressources naturelles

- Création d'un fonds souverain : Mettre en place un *Fonds Souverain de Stabilisation et d'Investissement* financé par les recettes pétrolières et minières. Ce fonds servira à :

  - Stabiliser les finances publiques en période de volatilité des prix des matières premières.
  - Investir dans des projets de développement à long terme (éducation, santé, infrastructures).

- Renégociation des contrats d'exploitation : Réexaminer les accords avec les entreprises multinationales pour augmenter la part des revenus revenant à l'État. Inclure des clauses de protection de l'environnement et des exigences de contenu local pour maximiser les retombées économiques pour le pays.

6. Promotion des Investissements Directs Étrangers (IDE)

- Amélioration du climat des affaires : Réduire la bureaucratie, simplifier les procédures de création d'entreprise, et offrir des incitations fiscales pour attirer des investisseurs étrangers dans des secteurs non liés aux ressources naturelles.

- Zones économiques spéciales (ZES) : Créer des ZES avec des infrastructures modernes et des avantages fiscaux pour attirer des industries manufacturières, des entreprises de transformation et des entreprises technologiques.

7. Partenariats Public-Privé (PPP) pour le développement des infrastructures

- Infrastructure de transport et énergie : Développer des projets d'infrastructures stratégiques (routes, ponts, réseaux électriques) via des PPP pour réduire la pression sur les finances publiques tout en stimulant la croissance économique.

- Services publics essentiels : Utiliser des PPP pour améliorer les services publics tels que l'eau potable, la gestion des déchets, et les télécommunications.

8. Renforcement de la gouvernance et de la transparence

- Mécanisme de suivi budgétaire : Créer un *Conseil de Surveillance Budgétaire* indépendant, composé de représentants de la société civile, des experts économiques et des organisations internationales, pour surveiller l'utilisation des fonds publics et la mise en œuvre des réformes.

- Rapports financiers réguliers : Publier des rapports trimestriels sur la situation de la dette, les recettes de l'État, et les dépenses publiques pour rassurer les créanciers et les partenaires internationaux.

9. Développement de la microfinance et soutien aux Petites et Moyennes Entreprises (PME)

- Microfinance rurale : Développer des programmes de microfinance pour soutenir l'entrepreneuriat rural et l'autonomisation des petits agriculteurs.

- Soutien aux PME : Offrir des formations, des subventions et des facilités de crédit aux petites et moyennes entreprises pour stimuler la création d'emplois et la diversification de l'économie.

10. Stratégie de sortie progressive de la dépendance au franc CFA

- Établir une Commission Monétaire Nationale pour examiner les conditions de sortie du franc CFA et les options de création d'une monnaie nationale.

- Création d'une monnaie de transition : Introduire une monnaie de transition, partiellement adossée à un panier de devises (Dollar, Rouble, Yuan), tout en établissant des réserves de change robustes pour garantir sa stabilité.

- Collaboration avec la CEMAC : Travailler en coordination avec les autres pays de la CEMAC pour évaluer la faisabilité d'une réforme régionale de la monnaie.

Le Tchad peut sortir de l'endettement à travers une combinaison de réformes audacieuses, une meilleure gestion des ressources naturelles, et une diversification économique. Cela nécessitera un engagement politique fort, un leadership transparent, et un soutien accru de la communauté internationale pour réussir la transition vers une économie plus stable et prospère.

Seule une vision claire, un engagement politique sincère, et une mobilisation de toutes les parties prenantes permettront au Tchad de se libérer du poids de l'endettement et de construire un avenir plus prospère et autonome.

Scénario pessimiste : Un effondrement économique et social du Tchad

Si aucune solution rapide n'est trouvée pour stabiliser et restructurer la dette publique du Tchad, le pays risque de se retrouver dans un cycle infernal de crise économique et de tensions sociales. Voici un scénario détaillé du pire qui pourrait se produire :

1. Crise de liquidité et risque de défaut de paiement

La situation pourrait rapidement se détériorer si le Tchad est incapable de mobiliser les ressources nécessaires pour honorer le service de sa dette. À court terme, le pays pourrait faire face à un défaut de paiement sur ses obligations intérieures (Bons du Trésor et Obligations du Trésor assimilables), ce qui entraînerait une perte totale de confiance des investisseurs nationaux. En conséquence :

- Les créanciers privés se retireraient massivement, rendant impossible la levée de nouveaux fonds pour financer le budget de l'État.
- Les banques locales, principales détentrices de ces titres, se retrouveraient en situation de surendettement et de faillite, déclenchant une crise bancaire systémique.
- La BEAC (Banque des États de l'Afrique centrale), qui joue un rôle central dans le financement de l'État, pourrait être contrainte de limiter ses avances statutaires au Trésor, aggravant le manque de liquidités.

À moyen terme, un défaut sur la dette extérieure deviendrait inévitable. Cela inclut l'incapacité à rembourser les créanciers multilatéraux et bilatéraux, entraînant une suspension des financements internationaux et une perte de tout soutien financier de la part d'institutions telles que le FMI ou la Banque Mondiale.

2. Érosion de la valeur du franc CFA et inflation galopante

En cas de défaut ou de restructuration désordonnée de la dette, le franc CFA pourrait subir une forte pression dépréciative. Si la BEAC n'intervient pas pour soutenir la monnaie, une dévaluation deviendrait probable. Les conséquences seraient dramatiques pour le pouvoir d'achat et la stabilité économique :

- Augmentation massive de l'inflation : les prix des biens de consommation courante et des produits importés monteraient en flèche, poussant des milliers de familles dans une situation d'extrême pauvreté.

- Effondrement du pouvoir d'achat : La classe moyenne, déjà fragile, disparaîtrait quasiment, laissant place à une population dominée par une pauvreté généralisée.

- La dévaluation affaiblirait également la capacité de l'État à payer ses fonctionnaires et à maintenir les subventions nécessaires pour les produits de première nécessité, ce qui conduirait à des pénuries alimentaires et de produits de base.

3. Réduction drastique des dépenses publiques et arrêts des projets de développement

Pour tenter de stabiliser la situation, le gouvernement serait contraint d'adopter des mesures drastiques, telles que la réduction des dépenses publiques. Cela se traduirait par :

- Gel des salaires des fonctionnaires, entraînant des grèves généralisées dans les services publics (éducation, santé, administration).

- Abandon de projets d'infrastructure vitaux (routes, énergie, assainissement), ce qui paralyserait davantage la croissance économique.

- Retard des paiements aux fournisseurs de l'État, ce qui asphyxierait le secteur privé national et conduirait à des faillites en chaîne. Les programmes sociaux déjà limités seraient réduits, entraînant une dégradation rapide des conditions de vie de la population, ce qui renforcerait la frustration sociale.

4. Effondrement de la Gouvernance et agitation sociale

Avec la détérioration de l'économie, les tensions sociales s'intensifieraient rapidement. Les grèves, manifestations et mouvements de protestation deviendraient quotidiens, car les citoyens exprimeront leur mécontentement face à la baisse du niveau de vie, à la pauvreté croissante et à la mauvaise gestion économique :

- Les fonctionnaires (enseignants, personnels de santé, policiers) cesseraient de travailler en raison des arriérés de salaires.

- Les étudiants et les jeunes diplômés, déjà confrontés à un manque de perspectives économiques, se tourneraient vers des mouvements de contestation, rendant le climat politique de plus en plus instable.

- Le mécontentement général mènerait à des mouvements de désobéissance civile et à une remise en question ouverte du pouvoir en place.

En réponse, le gouvernement pourrait avoir recours à la répression, ce qui pourrait dégénérer en violences politiques et entraîner un risque de conflit ouvert.

5. Isolement international et effondrement de la crédibilité du Pays

Un défaut de paiement conduirait le Tchad à un isolement financier international. Les investisseurs étrangers et les partenaires au développement retireraient leurs appuis, et le pays serait exclu des marchés financiers pendant de longues années. Cela signifierait :

- Arrêt des projets financés par l’extérieur, y compris ceux liés à la santé, à l'éducation et aux infrastructures.

- Perte d'accès aux crédits d'urgence auprès des bailleurs de fonds, y compris les prêts concessionnels destinés à soulager temporairement les finances publiques.
- Perte de crédibilité sur la scène internationale, rendant toute renégociation de la dette extrêmement difficile, car le Tchad serait perçu comme un débiteur à haut risque.

6. Exode et déstabilisation régionale

Face à une économie en ruine et à un environnement social de plus en plus dangereux, une migration de masse pourrait s'ensuivre. Des milliers de tchadiens, désespérés par le manque d'opportunités et la violence, tenteraient de fuir vers les pays voisins ou l'Europe, contribuant à une crise migratoire régionale. Les forces armées, mal payées et démoralisées, pourraient se disloquer, laissant la place à des groupes armés, milices locales et rebelles pour combler le vide sécuritaire. Cela créerait un environnement propice aux conflits, à l'instabilité et à la criminalité organisée.

Un scénario catastrophique à éviter

Ce scénario montre clairement qu'une action immédiate est nécessaire pour éviter un tel effondrement. Les autorités tchadiennes doivent trouver des solutions de restructuration de la dette, augmenter les revenus domestiques et réduire les dépenses non essentielles. Si des mesures ne sont pas prises rapidement, le pays pourrait basculer dans une crise économique et sociale aux répercussions profondes, non seulement pour le Tchad, mais pour toute la région d'Afrique centrale.

3. Analyse géostratégique et géopolitique de la présence militaire française au Tchad

La présence militaire française au Tchad est un phénomène qui, loin de n'être qu'une simple implantation de forces étrangères, s'inscrit dans une stratégie globale d'influence de la France en Afrique, tout en ayant des implications géopolitiques majeures. Elle est souvent perçue comme un pilier de la politique de défense française en Afrique subsaharienne, mais également comme un facteur de stabilité (ou d'instabilité) pour le régime en place et pour la sous-région Sahélo-saharienne.

1. Un pivot stratégique de la politique de défense française en Afrique

Le Tchad occupe une position géostratégique centrale en Afrique. Sa situation géographique, entre le Sahel, l'Afrique centrale et le bassin du lac Tchad, fait du pays une plateforme idéale pour projeter des forces militaires et surveiller une vaste zone géopolitique instable. La présence militaire française au Tchad, notamment à travers la base aérienne de N'Djamena, permet à la France de maintenir une force d'intervention rapide, capable de répondre à toute situation de crise dans une région marquée par l'insécurité, les conflits intercommunautaires et la montée des groupes terroristes.

Le Tchad est ainsi au cœur de la stratégie militaire française, non seulement pour ses propres intérêts, mais également pour soutenir ses partenaires européens et américains dans la lutte contre le terrorisme. La position stratégique du pays permet à la France de coordonner des opérations dans tout le Sahel et au-delà, comme ce fut le cas pour les opérations Épervier, Serval, et plus récemment Barkhane. Le pays sert de tête de pont pour les opérations anti-insurrectionnelles, de collecte de renseignement et d'assistance militaire aux pays voisins, tels que le Niger, le Mali, ou encore le Burkina Faso.

2. Un instrument de contrôle géopolitique

Historiquement, la France a utilisé sa présence militaire au Tchad pour garantir son influence sur les affaires politiques et sécuritaires du pays. Depuis les années 1970, les interventions militaires françaises ont contribué à soutenir des régimes alliés et à renforcer leur contrôle, souvent au détriment de mouvements d'opposition ou de révoltes populaires.

La présence militaire permet à la France de garantir ses intérêts économiques et stratégiques, tout en s'assurant de la loyauté des dirigeants tchadiens. Le soutien français a souvent été un facteur décisif dans la survie des régimes en place, donnant ainsi à la France un levier d'influence majeur. Cette dépendance mutuelle conforte le statut de N'Djamena comme allié clé de Paris et rend difficile tout changement de cap de la part du régime tchadien.

3. Stabilité régionale ou interventionnisme déguisé ?

L'argument fréquemment avancé par la France pour justifier sa présence militaire au Tchad est celui de la stabilisation de la région. En effet, le Tchad est perçu comme un rempart contre les groupes djihadistes qui opèrent dans le Sahel et le bassin du lac Tchad, tels que Boko Haram, l'État islamique en Afrique de l'Ouest (ISWAP) et les différents groupes affiliés à Al-Qaïda au Maghreb islamique (AQMI). La France se présente ainsi comme un garant de la sécurité régionale, ce qui lui permet de légitimer son intervention.

Cependant, cet argument masque un certain nombre de réalités : la présence militaire française est souvent perçue par les populations locales comme une forme de néocolonialisme. Elle alimente le ressentiment, tant au

Tchad qu'au sein de la région, en créant une dépendance sécuritaire des États africains vis-à-vis de Paris. Cette dépendance affaiblit le développement d'une véritable autonomie sécuritaire et renforce l'idée que les forces armées locales ne peuvent pas protéger leur propre territoire sans l'appui extérieur. Par conséquent, la France se trouve piégée dans un rôle ambigu : garant de la stabilité, mais aussi facteur de mécontentement et de discorde.

4. Un enjeu économique et énergétique sous-jacent

Au-delà des aspects sécuritaires, la présence militaire française au Tchad est également liée aux ressources naturelles du pays et à la sécurisation des investissements étrangers. Le Tchad dispose de réserves significatives de pétrole et d'uranium, qui représentent un enjeu majeur pour la France, dont la dépendance énergétique est un sujet stratégique. La présence militaire protège indirectement les infrastructures pétrolières et les intérêts des compagnies françaises, telles que Total, dans le pays. Le maintien de la stabilité du régime, favorable à ces intérêts, est donc crucial pour Paris.

Cette dimension économique est souvent sous-évaluée dans les analyses géopolitiques, mais elle joue un rôle clé dans la détermination des priorités stratégiques de la France au Tchad. Assurer un environnement stable pour les compagnies étrangères est une justification implicite de la présence militaire, d'autant plus que tout bouleversement politique majeur pourrait entraîner un risque de nationalisation ou de remise en question des contrats miniers et pétroliers.

5. La présence militaire : un facteur de blocage pour l'évolution politique ?

Du point de vue politique, la présence militaire française est souvent perçue comme un obstacle à l'évolution démocratique du Tchad. Les interventions répétées de Paris pour soutenir les régimes en place ont empêché l'émergence d'une opposition crédible et autonome. La France est accusée de privilégier la stabilité à court terme, au détriment d'un véritable processus démocratique.

La France continue de soutenir des régimes, au motif de la lutte contre le terrorisme, mais ce soutien se fait au détriment des aspirations démocratiques de la population tchadienne. En maintenant ce statu quo, la présence militaire française devient un facteur de pérennisation des régimes autocratiques et répressifs, en contradiction avec les valeurs démocratiques que Paris prétend défendre.

6. L'avenir de la présence française au Tchad : un repositionnement nécessaire ?

Les dynamiques régionales évoluent, et la contestation de la présence militaire étrangère se fait de plus en plus entendre, non seulement au Tchad, mais dans toute la zone sahélo-saharienne. Des pays comme le Mali et le Burkina Faso ont exprimé un rejet clair de la présence militaire française, et la montée des sentiments anti-français pourrait forcer Paris à repenser sa stratégie.

Pour le Tchad, le défi est de sortir de cette dépendance tout en construisant une autonomie sécuritaire capable de gérer les menaces régionales. L'alternative pourrait passer par une coopération régionale accrue, le renforcement des capacités locales, et la recherche de nouveaux partenaires internationaux. Cependant, tant que le régime actuel bénéficiera de l'appui de Paris, il est peu probable que des changements significatifs se produisent.

- **Les avantages que le Tchad pourrait tirer du départ des forces étrangères de son territoire**

La présence militaire étrangère, notamment celle de la France, a longtemps été un sujet controversé au Tchad, perçue par certains comme une protection et par d'autres comme une atteinte à la souveraineté nationale. Si le Tchad parvenait à faire partir ces troupes étrangères, cela pourrait transformer la donne à plusieurs niveaux : politique, sécuritaire, économique et symbolique.

1. Restaurer la souveraineté et l'indépendance nationale

La première conséquence positive serait la restauration d'une souveraineté pleine et entière sur le territoire national. Actuellement, la présence militaire étrangère restreint la capacité de l'État tchadien à décider librement de ses priorités stratégiques et à assumer ses responsabilités en matière de sécurité. En mettant fin à cette présence, le Tchad enverrait un message fort de détermination, affirmant son indépendance et sa volonté de ne plus dépendre d'une puissance extérieure pour garantir sa sécurité intérieure. Cela renforcerait également la légitimité du gouvernement aux yeux de la population, notamment pour les jeunes générations, qui perçoivent souvent ces bases comme des vestiges d'un colonialisme moderne. Cette démarche serait un symbole d'émancipation politique et d'affirmation de la souveraineté nationale, capable de rassembler le pays autour d'un projet commun d'autodétermination.

2. Renforcer les capacités de défense nationales

En l'absence de forces étrangères, le Tchad se verrait obligé de renforcer ses propres capacités de défense. Cela pourrait mener à :

- Un investissement plus important dans la formation, l'équipement et la professionnalisation de ses forces armées.

- Une amélioration de la gestion et de l'organisation de l'armée, avec un accent sur la discipline et la responsabilisation des militaires.

- La mise en place de partenariats avec d'autres pays africains pour développer une sécurité collective régionale, moins dépendante de l'Occident.

La fin de la dépendance à l'égard de la France encouragerait également le Tchad à diversifier ses alliances, par exemple avec des pays émergents comme la Turquie, la Russie ou la Chine, qui offrent des coopérations militaires alternatives sans les mêmes conditionnalités politiques.

3. Se libérer du fardeau économique et sécuriser les ressources

Bien que la présence militaire étrangère soit parfois financée par les pays d'origine (comme la France), elle a aussi un coût indirect pour le Tchad. Par exemple, la collaboration avec ces forces limite souvent la capacité du pays à négocier de manière indépendante ses contrats d'exploitation des ressources naturelles. En se débarrassant de cette tutelle militaire, le Tchad pourrait renégocier les conditions d'exploitation de ses ressources énergétiques, notamment le pétrole, en établissant des partenariats plus équitables avec des acteurs internationaux. Cela permettrait au gouvernement de tirer plus de bénéfices de ses richesses naturelles et de les réinvestir dans des secteurs cruciaux tels que l'éducation, la santé et le développement des infrastructures.

4. Favoriser un processus démocratique

La présence militaire française est souvent perçue comme un soutien tacite aux régimes autoritaires qui se succèdent à la tête du pays. En l'absence de ce soutien, le régime au pouvoir pourrait être contraint de procéder à des réformes démocratiques pour gagner la légitimité de sa population, au lieu de s'appuyer sur un appui extérieur pour rester en place. Le départ des troupes étrangères pourrait donc ouvrir la voie à un processus politique plus transparent, où les élections, les débats politiques et les aspirations populaires seraient davantage respectés.

5. Renforcer l'image et le statut du Tchad à l'international

La fin de la présence militaire étrangère renforcerait l'image du Tchad comme un pays résolu à se prendre en main. Cela améliorerait son statut auprès des autres nations africaines et pourrait servir de modèle pour d'autres pays du Sahel qui souhaitent également retrouver leur indépendance stratégique. Une telle posture pourrait repositionner le Tchad comme un leader dans la lutte pour l'émancipation africaine, stimulant des initiatives de coopération Sud-Sud plus équitables.

Solutions pour mettre fin à la présence militaire étrangère

Pour réussir à mettre fin à la présence militaire étrangère, le Tchad doit adopter une stratégie à la fois politique, sécuritaire et diplomatique :

1. Élaborer une feuille de route nationale pour le départ des troupes étrangères

Le gouvernement tchadien pourrait établir un calendrier clair pour le retrait des forces étrangères, en se basant sur les étapes suivantes :

- **Négociations bilatérales** : initier des discussions avec les pays concernés (notamment la France) pour organiser un départ progressif, tout en s'assurant que ce retrait ne laisse pas de vide sécuritaire.

- **Plan de transition sécuritaire** : élaborer un plan pour renforcer les forces armées tchadiennes, avec un accent sur la formation et l'équipement. Cela pourrait inclure des accords de défense avec d'autres partenaires internationaux pour pallier le manque de capacités.

- **Collaboration régionale** : créer ou rejoindre une coalition régionale de sécurité avec des pays voisins pour partager des renseignements et coordonner les opérations transfrontalières de lutte contre le terrorisme.

2. Renforcer les capacités de renseignement

Pour compenser l'absence de soutien en matière de renseignement de la part des forces étrangères, le Tchad devrait investir massivement dans la modernisation de ses services de renseignement. Cela inclurait :

- La formation de nouveaux agents de renseignement.
- Le développement de réseaux de surveillance locaux et régionaux.
- L'acquisition de technologies de surveillance modernes pour assurer la sécurité des frontières et des zones sensibles.

3. Diversification des alliances stratégiques

Le Tchad pourrait envisager de diversifier ses partenariats avec des acteurs non-occidentaux pour éviter de retomber dans une nouvelle forme de dépendance. Des pays comme la Russie, la Turquie ou la Chine ont démontré leur intérêt pour renforcer leur présence militaire et économique en Afrique. Le Tchad pourrait utiliser ces nouvelles relations pour obtenir du matériel militaire, des formations et des investissements en contrepartie d'accords économiques ou géostratégiques.

4. Promouvoir un dialogue politique interne

Pour éviter que le retrait militaire étranger ne débouche sur des luttes de pouvoir ou des révoltes internes, le Tchad devrait :

- Favoriser un dialogue national inclusif pour intégrer les aspirations des différentes communautés.
- Renforcer les mécanismes de gouvernance locale et encourager la participation citoyenne.
- Mettre en place des réformes pour garantir un processus électoral transparent et des libertés politiques accrues.

- **Scénarios possibles pour l'avenir de la présence militaire étrangère au Tchad**

La présence militaire étrangère, notamment celle de la France, est un facteur géopolitique majeur au Tchad. L'évolution de cette présence peut prendre plusieurs formes, selon les dynamiques locales, régionales et internationales. Voici une analyse prospective avec plusieurs scénarios envisageables :

1. Scénario de maintien du statu quo

Description : Dans ce scénario, la présence militaire française et celle des autres partenaires internationaux (États-Unis, Union Européenne) se poursuivent sans changement majeur. Les bases militaires restent opérationnelles et les accords de coopération militaire sont renouvelés périodiquement. La France continue d'utiliser le Tchad comme une base stratégique pour ses opérations dans le Sahel (notamment la lutte contre le terrorisme dans le cadre de la force Barkhane).

Conséquences

- **Renforcement de la dépendance sécuritaire :** Le Tchad continue de dépendre des puissances étrangères pour le renseignement, le soutien logistique et la formation militaire. Cela réduit sa capacité à construire une autonomie stratégique.

- **Stabilité politique relative :** Le système actuellement en place semble bénéficier d'un appui indirect de la part des forces étrangères, ce qui pourrait dissuader, dans une certaine mesure, les tentatives de déstabilisation par des acteurs locaux.

- **Tensions sociopolitiques :** Le maintien de cette présence est source de tensions, notamment chez les jeunes générations, qui perçoivent cela comme une atteinte à la souveraineté nationale.

- **Absence de réformes démocratiques :** Le gouvernement, assuré de l'appui militaire extérieur, se sent peu contraint de répondre aux aspirations de la population pour plus de démocratie et de liberté.

Probabilité : Ce scénario est probable à court terme, car la France et ses alliés ont des intérêts stratégiques majeurs dans la région, et le Tchad ne paraît pas encore entièrement disposé à rompre cet équilibre.

2. Scénario de réduction progressive de la présence militaire

Description : Dans ce scénario, la France et d'autres puissances étrangères décident de réduire progressivement leur présence militaire au Tchad, tout en conservant une présence résiduelle pour des missions de coopération et de formation. Les bases principales sont fermées, mais des conseillers militaires restent en place pour soutenir les forces locales.

Conséquences

- **Autonomisation relative des forces armées tchadiennes :** Le Tchad doit prendre en main sa propre sécurité, ce qui pourrait mener à une modernisation des capacités militaires nationales.

- **Réorientation stratégique :** Le gouvernement tchadien pourrait être tenté de diversifier ses alliances en se tournant vers d'autres partenaires (Turquie, Russie, Chine), ce qui pourrait changer l'équilibre géopolitique du pays.

- **Risques de vacance sécuritaire :** Si le retrait n'est pas bien géré, les groupes armés et les rebelles pourraient tenter de tirer avantage de ce vide.

- **Opportunité de réformes politiques :** La baisse du soutien militaire pourrait contraindre le régime à répondre aux revendications populaires pour préserver la stabilité interne.

Probabilité : Un retrait progressif est envisageable si la situation sécuritaire au Sahel se stabilise et si le coût des opérations militaires devient trop lourd pour les pays occidentaux. La France, en particulier, pourrait choisir cette option pour redéployer ses troupes vers d'autres zones de conflit ou alléger sa présence sur le continent africain.

3. Scénario de retrait total et soudain

Description : Dans ce scénario, un changement majeur sur la scène internationale ou régionale (pression politique, changement de régime en France, forte instabilité locale) conduit au retrait rapide et complet de toutes les forces étrangères présentes sur le sol tchadien. Le Tchad se retrouve sans aucun soutien militaire étranger en très peu de temps.

Conséquences

- **Effondrement sécuritaire potentiel :** Le Tchad pourrait être confronté à une recrudescence de l'insécurité, à des offensives des groupes armés et à une intensification des activités terroristes.

- **Fragmentation de l'armée :** L'absence de soutien logistique et d'encadrement pourrait conduire à des défections dans les rangs militaires et à l'apparition de factions rivales.

- **Risque de guerre civile :** Le régime actuel, privé de son appui international, pourrait devenir vulnérable à des tentatives de coup d'État ou à des mouvements de contestation violents.

- **Réalignement diplomatique forcé :** Le gouvernement chercherait rapidement de nouveaux soutiens militaires, potentiellement auprès de puissances non occidentales (Russie, Chine) ou de groupes régionaux (Union Africaine).

Probabilité : Peu probable à court terme, mais envisageable en cas de crise majeure (rupture des relations diplomatiques avec la France, changement radical du régime politique). Ce scénario serait un choc pour le régime, qui verrait son équilibre de pouvoir totalement bouleversé.

4. Remplacement par d'autres puissances étrangères

Description : Ce scénario suppose que la France décide de réduire ou de retirer complètement ses forces, mais que d'autres puissances internationales (Russie, Chine, Turquie) prennent sa place, attirées par les ressources naturelles du Tchad et son importance géostratégique au cœur du Sahel.

Conséquences

- **Changement de la dynamique géopolitique :** Le Tchad pourrait devenir le théâtre d'une nouvelle compétition entre puissances étrangères, chaque pays cherchant à obtenir des concessions économiques et stratégiques.

- **Perte d'autonomie stratégique :** Plutôt que de gagner en indépendance, le Tchad risquerait de tomber sous la dépendance d'une nouvelle puissance, avec des conséquences similaires à celles vécues sous l'influence française.

- **Nouvelles pressions sur la politique intérieure :** Les nouvelles puissances pourraient exiger des réformes économiques ou politiques en échange de leur soutien, créant de nouvelles tensions internes.

- **Potentiel de modernisation :** Un nouvel acteur pourrait apporter un soutien plus adapté aux besoins du Tchad, permettant une meilleure coopération en matière de sécurité, de technologie et d'infrastructures.

Probabilité : Ce scénario est de plus en plus probable avec l'émergence de puissances non occidentales en Afrique. La Russie, en particulier, a montré un intérêt croissant pour le continent africain, tout comme la Turquie, qui a renforcé sa présence militaire et diplomatique en Afrique.

5. Scénario d'intégration régionale

Description : Dans ce scénario, le Tchad, en concertation avec les pays voisins (Niger, Cameroun, Soudan, Centrafrique), et avec l'appui de l'Union Africaine, décide de construire une architecture de sécurité régionale pour compenser le départ des troupes étrangères. Les forces étrangères sont progressivement remplacées par une coalition africaine, avec un commandement unifié et des ressources partagées.

Conséquences

- **Renforcement de la souveraineté régionale :** Les pays du Sahel, souvent pris en otage par les luttes d'influence entre puissances étrangères, pourraient mieux gérer leur propre sécurité.

- **Stabilité accrue à long terme :** Une coalition régionale, si bien organisée, pourrait contrer efficacement les menaces transfrontalières (terrorisme, trafics) et stabiliser l'ensemble du Sahel.

- **Nouveaux défis de coordination :** Le Tchad devra travailler de manière étroite avec ses voisins, ce qui pourrait être difficile en raison des tensions historiques et des objectifs divergents.

Probabilité : Un tel scénario nécessite un niveau élevé de coopération régionale et de financement, ce qui le rend peu probable à court terme. Cependant, avec le soutien de l'Union africaine, il pourrait devenir une alternative crédible à moyen terme, surtout si les puissances occidentales se désengagent progressivement du Sahel.

L'avenir de la présence militaire étrangère au Tchad dépend de multiples facteurs, allant des dynamiques internes (stabilité politique, capacité de défense) aux évolutions internationales (politique française, interventions d'autres puissances). Le scénario le plus probable reste celui d'un statu quo à court terme, mais les pressions croissantes pour une diversification des partenariats et un renforcement de l'autonomie militaire pourraient amener le pays à explorer d'autres options dans les années à venir.

4. Dangers liés à la présence militaire française au Tchad pour le régime en place

La présence militaire française, bien qu'elle soit souvent perçue comme un soutien sécuritaire et stratégique pour le régime en place, comporte en réalité des risques importants pour le pouvoir à long terme. Loin d'être un simple allié indéfectible, la France peut, selon ses intérêts géopolitiques, se transformer en une menace potentielle pour la stabilité du régime et du Tchad. Voici les conséquences que le maintien de cette présence pourrait engendrer :

1. **Vulnérabilité face à un changement d'orientation stratégique de la France** : Le régime actuel repose, en partie, sur le soutien direct ou indirect des forces étrangères pour faire face à certains foyers de tensions. Cependant, si le Président adopte une politique qui ne correspond plus aux objectifs géopolitiques de la France, cette dernière pourrait choisir de redéfinir son appui. Cela pourrait se traduire par une réévaluation de sa présence, voire un désengagement progressif, fragilisant ainsi le régime qui perdrait alors un « allié stratégique ». La France pourrait alors se tourner vers d'autres acteurs politiques plus en phase avec ses intérêts, rendant le pouvoir en place vulnérable.

2. **Potentiel financement de l'opposition et soutien aux mouvements rebelles** : Si le régime en place adopte une orientation jugée défavorable par les puissances étrangères, ces dernières pourraient recourir à des stratégies indirectes pour créer un rapport de force défavorable. La France, par exemple, pourrait être tentée de soutenir discrètement des groupes d'opposition ou de financer des factions rebelles pour faire pression sur le pouvoir. Un tel retournement de situation pourrait transformer les forces étrangères en vecteurs d'instabilité, menaçant la pérennité

du régime par la montée en puissance d'une insurrection armée ou d'une opposition politique mieux structurée.

3. **Manipulation de la menace terroriste** : La lutte contre le terrorisme est souvent l'argument principal justifiant la présence militaire française au Sahel, y compris au Tchad. Cependant, dans un contexte où les intérêts divergent, les forces étrangères pourraient instrumentaliser cette menace. Par exemple, une baisse volontaire de la vigilance ou un retrait stratégique de certaines zones critiques pourrait créer un vide sécuritaire, favorisant une recrudescence des attaques terroristes. Cela affaiblirait le régime, le rendant responsable de l'incapacité à sécuriser le territoire national et discréditant sa légitimité.

4. **Mise en œuvre de stratégies de dissuasion et de déstabilisation politique** : Si le régime refuse de s'aligner sur certaines exigences des puissances étrangères, il pourrait devenir la cible de campagnes de déstabilisation menées par ces mêmes acteurs. Cela peut inclure des accusations de violation des droits humains, la promotion de sanctions internationales, ou des tentatives de nuire à l'image du Président sur la scène internationale. Ces pressions diplomatiques et médiatiques ont pour but de ternir la réputation du régime, réduisant ainsi son influence et sa capacité à maintenir le soutien populaire et celui de ses alliés.

5. **Perte de légitimité interne et risques d'isolement politique** : La présence militaire étrangère, bien qu'elle soit tolérée dans un contexte de menace sécuritaire, est perçue de plus en plus comme une atteinte à la souveraineté nationale. Si le régime continue de maintenir les forces étrangères sur le sol tchadien, cela pourrait être interprété par une partie croissante de la population comme une soumission aux puissances extérieures. Une telle perception risque d'entraîner une perte de légitimité du pouvoir,

surtout auprès des jeunes générations. À long terme, cette situation pourrait encourager la montée d'un sentiment antigouvernemental, voire nationaliste, créant un terreau fertile pour une opposition plus radicale et difficile à contrôler.

6. **Risque de coup d'État fomenté** : L'histoire politique de l'Afrique est riche en exemples de régimes qui ont été renversés avec la complicité ou l'assentiment tacite de puissances étrangères. Si le Tchad venait à prendre une direction politique jugée trop indépendante ou contraire aux intérêts français, il pourrait devenir la cible de tentatives de déstabilisation. Cela pourrait se traduire par un soutien à des acteurs locaux au sein de l'armée ou de l'administration, favorisant l'émergence de factions prêtes à renverser le pouvoir en place.

7. **Marginalisation économique et isolement diplomatique** : La présence militaire française est souvent accompagnée d'un certain soutien diplomatique et financier au régime. Cependant, si les relations se détériorent, la France pourrait, de concert avec d'autres partenaires européens, opter pour des sanctions économiques ciblées, un gel de l'aide financière ou un isolement diplomatique du Tchad. Le régime en place, déjà confronté à de multiples défis économiques, se retrouverait alors dans une situation d'asphyxie, augmentant le mécontentement populaire et les tensions internes.

La présence militaire française, bien qu'étant un levier de stabilité pour le régime actuel, peut rapidement devenir un instrument de déstabilisation si les objectifs du Président viennent à diverger de ceux des puissances étrangères. Le pouvoir en place, en continuant de maintenir cette présence sans définir clairement ses propres priorités stratégiques, court le risque de devenir otage d'une relation asymétrique. Dès lors que la France déciderait de ne plus soutenir ce régime, ou pire, d'encourager des forces dissidentes, le Tchad pourrait basculer rapidement dans une spirale de violence et d'instabilité. Pour le régime, l'enjeu est donc de trouver un équilibre entre le maintien de la coopération sécuritaire et la préservation de son autonomie politique.

Parvenu à la fin de ce chapitre, il est clair que la reconquête de la souveraineté nationale représente un processus complexe et multidimensionnel qui exige un engagement soutenu sur plusieurs fronts. La simple rupture des chaînes visibles du colonialisme ne suffit pas ; il est impératif de démanteler également les dynamiques sous-jacentes de contrôle postcolonial (dépendance économique, ingérence politique, présence militaire étrangère, manipulation des ressources naturelles, aliénation culturelle…) qui continuent d'entraver le développement du Tchad. Ces dynamiques constituent un ensemble de mécanismes subtils mais puissants qui maintiennent les pays du Sahel dans une position de dépendance et limitent leur capacité à exercer une véritable souveraineté.

Ce chapitre a proposé des pistes de réflexion concrètes pour envisager une indépendance véritable, où le Tchad ne serait pas seulement un pays libre, mais également un acteur autonome et influent sur la scène internationale. En réaffirmant sa souveraineté économique, politique et culturelle, le Tchad pourrait redéfinir son identité, renforcer son intégrité et, finalement, contribuer à une nouvelle dynamique de coopération et de développement dans la région sahélienne. Ce chemin vers l'émancipation doit être collectif, impliquant tous les acteurs de la société, des citoyens aux décideurs, afin d'assurer que l'avenir du Tchad soit forgé par et pour les Tchadiens eux-mêmes.

Conclusion générale

À travers cet ouvrage, nous avons entrepris une analyse approfondie du Franc CFA, de la dette publique et de la présence militaire française au Tchad, en tant que dynamiques postcoloniales qui continuent de façonner la trajectoire du pays, soixante-quatre ans après l'indépendance. Ces dynamiques, loin de s'estomper avec le temps, se sont enracinées et ont acquis de nouvelles formes, perpétuant ainsi une dépendance structurelle qui freine la véritable souveraineté du Tchad. Toutefois, cette réalité ne se limite pas aux frontières tchadiennes : elle est le reflet d'un contexte plus large, qui s'étend à l'ensemble des nations sahéliennes.

Le Franc CFA, les dettes asphyxiantes et la présence militaire étrangère ne sont que les symptômes d'un contrôle postcolonial global, une toile de domination subtile mais omniprésente qui enserre toute la région sahélienne dans un carcan de soumission économique, d'étouffement financier et d'inféodation sécuritaire. Cette situation rend les États de la région incapables d'exercer une souveraineté véritable et de décider librement de leur avenir. Les politiques économiques sont dirigées depuis l'extérieur, les prêts sont accordés avec des conditions oppressives, et les stratégies de défense sont dictées par des agendas qui ne servent pas toujours les intérêts locaux. Ainsi, l'analyse de ces dynamiques au Tchad s'inscrit dans une problématique régionale plus vaste, où chaque pays est confronté à des variations de ces mêmes mécanismes de contrôle, entravant leur émancipation.

Chaque chapitre a mis en lumière comment ces mécanismes de domination continuent de conditionner l'avenir du Tchad et de ses voisins. Le chapitre 1 a démontré que le Franc CFA, loin d'être une simple monnaie, est un outil de subordination monétaire, restreignant la capacité des États à définir une politique économique adaptée à leurs besoins. Le chapitre 2 a exploré le piège de l'endettement, révélant comment le fardeau des dettes publiques, souvent contractées sous des conditions de servitude, place les pays dans une situation de vulnérabilité extrême face à des créanciers internationaux dont les exigences écrasent toute marge de manœuvre. Enfin, le chapitre 3 a examiné la présence militaire étrangère, qui, sous couvert de sécurité, sert souvent à pérenniser des rapports de domination et à maintenir une influence stratégique sur les États de la région.

Il est clair qu'en analysant ces dynamiques, bien qu'elles aient évolué, elles conservent leur fonction première : maintenir une tutelle déguisée qui étouffe le potentiel de développement et empêche l'émergence d'une véritable autonomie politique et économique. Le franc CFA continue de canaliser la politique monétaire des États sahéliens vers des objectifs extérieurs ; les dettes publiques, accumulées au fil des décennies, asphyxient leur capacité d'action économique ; et la présence militaire étrangère s'immisce dans leur gouvernance sécuritaire, créant un environnement où ces nations n'ont qu'un contrôle limité sur leurs propres affaires.

Pourtant, sortir de ce cercle vicieux est possible. Il est crucial que le Tchad, ainsi que ses voisins sahéliens, repensent leur modèle de développement et entreprennent une action collective pour se libérer des chaînes invisibles qui les maintiennent sous tutelle. Cela passe par la mise en place de politiques pour regagner leur autonomie monétaire, renégocier les dettes écrasantes avec une vision centrée sur les intérêts nationaux, et reconsidérer leurs alliances militaires, afin de garantir que leur souveraineté ne soit plus systématiquement compromise par des forces extérieures.

En fin de compte, l'indépendance véritable ne se limite pas à un simple acte politique proclamé il y a soixante-quatre ans ; elle passe par la reconquête de l'autonomie économique, la résilience financière et la maîtrise de sa sécurité. Tant que ces dynamiques postcoloniales perdureront, la souveraineté ne sera qu'un idéal lointain, une promesse jamais réalisée. La compréhension de ces mécanismes ne doit pas rester un exercice théorique ; elle doit aboutir à une action collective et concertée pour démanteler ces structures de domination, afin que le Tchad et ses voisins puissent enfin se redéfinir comme des acteurs libres, autonomes et influents sur la scène internationale.

Ce chemin vers l'émancipation doit être collectif, impliquant tous les acteurs de la société, des citoyens aux décideurs, afin d'assurer que l'avenir de ces pays soit forgé par et pour leurs peuples. Il est temps de tourner la page des dépendances héritées de l'ère coloniale et d'écrire un nouveau chapitre, celui de l'autodétermination véritable, où chaque nation sahélienne pourra affirmer sa souveraineté et façonner son propre destin, libérée des carcans du passé.

Bibliographies

Abzac, C. et Lespinois, J. (2004). *Les interventions françaises aux Tchad 1968-1990), la Politique de sécurité de la France en Afrique*, Paris, L'Harmattan, p.68.

Allizard, P., Cigolotti, O., et Carlotti, M.-A. (2023). *Quel bilan pour l'opération « BARKHANE » ?* https://www.senat.fr/rap/r22-708/r22-708-syn.pdf

Aluko, O. A., & Ibrahim, M. (2020). Institutions and the financial development–economic growth nexus in sub-Saharan Africa. *Economic Notes*, *49*(3), e12163. https://doi.org/10.1111/ecno.12163

Amadou, A., et Kebalo, L. (2018). La politique monétaire de la BCE affecte-t-elle celle des pays africains de la zone franc CFA ? : Le cas de la BCEAO. *Revue CEDRES-ETUDES*, (66).

Angus, D. (1999). Commodity Prices and Growth in Africa. *Journal of Economic Perspectives*, 13 (3): 23–40. DOI: 10.1257/jep.13.3.23

Al-Watan (1986). « L'opération Epervier dans la dynamique de la politique africaine au Tchad », n° 4, p.16.

Bakoup F., Ndoyé, D. (2016). Pourquoi et quand instaurer une monnaie unique dans la CEDEAO, *Africa economic brief*, Groupe de la Banque africaine de développement, Bureau de l'économiste en chef, volume 7, Issue 1

Banque mondiale (2024). Dette et développement. [Internet] [Cité 14 août 2024]. Disponible sur : https://www.banquemondiale.org/fr/topic/debt/overview

Banque mondiale (2021). Tchad : Note sur la situation économique. [Internet] [Cité 14 août 2024]. Disponible sur :https://documents1.worldbank.org/curated/en/288601634761942738/pdf/Chad-2021-Economic-Update-Recovering-from-Shocks-Improving-Macro-Fiscal-Sustainability-to-Rebuild-Better.pdf

Bayart, J-F. (1990). *Le syndrome Foccart. La politique française en Afrique de 1959 à nos jours*, Paris, Gallimard, p.730

BBC Afrique. (2020, décembre 4). *L'Éco : cinq choses à comprendre sur une alternative "françafricaine" au franc CFA. BBC Afrique.* https://www.bbc.com/afrique/region-55413027

Beauvilain, A. (1993). *Tableau de la population du Tchad des années vingt à 1993*. Centre National d'Appui à la Recherche. Travaux et documents scientifiques du Tchad, Documents pour la recherche. N'Djaména.

Bouquet, C. (1979). « Tchad, une sanglante évacuation », Paris, *Nouvelle Observateur*, n° 3 (du 2 avril 1979), p. 22.

Bernard D. (2003). « Regards sur la décolonisation de l'Afrique Noire », *Labyrinthe*, 16, pp. 9-18.

Brasseul, J. (2016). Chapitre 8. Colonisation. Dans :, J. Brasseul, *Histoire économique de l'Afrique tropicale: Des origines à nos jours* (pp. 297-335). Paris : Armand Colin. https://doi.org/10.3917/arco.brass.2016.01.0297

Centre d'étude et de formation pour le développement. (2001). *Histoire politique du Tchad : Bibliographie chronologique. Troisième partie, 1982-1990*. N'Djaména.

Chapelle, J. (1980). *Le peuple tchadien, ses racines et sa vie quotidienne*, Paris, L'Harmattan, p. 304

Chapleau, P. (1990). *Dictionnaire des opérations extérieures de l'armée française de 1963 à nos jours*, Paris, Défense, p.425.

Dadzie, K. (1988). La dépendance économique de l'Afrique vis-à-vis de l'exportation des produits de base. In : Politique étrangère, n°3 - 1988 - 53ᵉannée. pp. 647-666 ; doi : https://doi.org/10.3406/polit.1988.3799

Dagozo Umate, M., & Aloua, A. (2023). *La Coopération en matière de défense en Relations Internationales : Le cas des Accords de Défense Franco-Tchadiens*.ResearchGate.https://www.researchgate.net/publication/376397979_La_Cooperation_en_matiere_de_defense_en_Relations_Internationales_le_cas_des_Accords_de_Defense_Franco-Tchadiens

Debos, M. & Powell, N. (2017). L'autre pays des « guerres sans fin » : Une histoire de la France militaire au Tchad (1960-2016). *Les Temps Modernes*, 693-694,221266. https://doi.org/10.3917/ltm.693.0221

Debos, M. (2020). *Violences coloniales et résistance au Tchad (1900-1960)*. Sciences Po. https://www.

sciencespo.fr/mass-violence-war-massacre-resistance/fr/document/violences-coloniales-et-resistance-au-tchad-1900-1960.html

Decrane, P. (1982). *Vieille Afrique, jeune nation,* Paris, PUF, p.303.

Direction générale du Trésor. (2023, 4 août). *Indicateurs et conjoncture-Tchad.*https://www.tresor.economie.gouv.fr/Pays/TD/indicateurs-et-conjoncture

Duchaussoy, V. (2018). Zones monétaires et développement :la zone franc, de la décolonisation à l'internationalisation. *Monde(s)*, 13, 107-132. https://doi.org/10.3917/mond1.181.0107

Fonds Monétaire International (2022). *First and Second Reviews Under the Extended Credit Facility Arrangement, Requests for Waivers of Nonobservance of Performance Criteria and Modification of Performance Criteria—Debt Sustainability Analysis.* [Internet] [Cité 14 août 2024]. Disponible sur : https://www.elibrary.imf.org/view/journals/002/2023/007/article-A002-en.xml

Fonds Monétaire International. (2022). *Debt Management and Public Spending in Chad.* International Monetary Fund.

Gali N., G. (1985). *Tchad : guerre civile et désagrégation de l'Etat,* Paris, Présence Africaine, p. 216.

Gérardin, H. (1989). *La Zone franc. Histoire et institutions,* tome 1, Paris, L'Harmattan, coll. Bibliothèque du développement.

Gueye, F., Mbaye, A. A., & Mballa, C. (2019). Quitter ou réformer la zone franc ? *Revue Interventions économiques*, (61). https://doi.org/10.4000/interventions.6602

Goya, M. (2013). « L'intervention militaire française au Tchad, 1969-1972 », Paris, *Lettre du Retexrecherche,* n°6, (26 novembre 2013).

Guillaumont, P., & Guillaumont, S. (1974). *L'adaptation des mécanismes monétaires et la liberté de choix des pays africains : Avantages et inconvénients de la zone franc. Le Monde diplomatique.* https://www.monde-diplomatique.fr/1974/05/GUILLAUMONT/32360

Hanssen, A. (2000). *Le désenchantement de la coopération,* Paris, L'Harmattan.

Jacquemot, P. (2017). Le procès de la Zone franc. Arguments, contre-arguments et voies d'évolution. *Mondes en développement*, 180, 121-140. https://doi.org/10.3917/med.180.0121

Kaberuka, D. (2009, 27 juillet). *Africa should reduce aid dependency and explore alternative sources of development finance, says AfDB President Donald Kaberuka. African Development Bank.* https://www.afdb.org/fr/news-and-events/africa-should-reduce-aid-dependency-and-explore-alternative-sources-of-development-finance-afdb-president-donald-kaberuka-7405

Kalife, N. (2016). Chapitre 3. La genèse du franc CFA. Dans : Kako Nubukpo éd., *Sortir l'Afrique de la servitude monétaire* (pp. 81-100). La Dispute. https://doi.org/10.3917/disp.nubuk.2016.01.0081

Keenan Jeremy, War Games in the Sahel, http://newafricanmagazine.com/war-games-sahel/.... Consulté le 15/08/2024.

Kolandi, L., M. (2000). *Histoire économique du Tchad, 1924-1960*, Université de Paris 1, 387 p. (thèse de doctorat d'Histoire).

Lanne, B. (1988). Lisette (Yéyon) et Dumas (Marc) : Le R.D.A. et le Tchad. Histoire d'une décolonisation. *Revue française d'histoire d'outre-mer, 75*(280), 375.

Laville, C. (2016). *Les dépenses militaires et l'aide au développement au Sahel : Quel équilibre ?* fondation pour les études et recherches sur le développement international.

Lavroff, G. (1980). *La politique africaine du général de Gaulle 1958-1969*, Paris, Pedone, p.162

Le Cornec, J. (1963). *Histoire politique du Tchad de 1900 à 1962*. Paris, Soufflot, tome III, p.253.

Lemarchand, R. (2005). Où va le Tchad ? *Afrique contemporaine*, 215, 117-128. https://doi.org/10.3917/afco.215.0117

Le Monde. (2015, 8 juillet). Le franc CFA freine le développement de l'Afrique. *Le Monde*. https://www.lemonde.fr/afrique/article/2015/07/08/le-franc-cfa-freine-le-developpement-de-l-afrique_4675137_3212.html

Magrin, G. (2008). Tchad 2008 : Géographie d'une guerre ordinaire. EchoGéo. https://doi.org/10.4000 /echogeo.2249.

Magnant, J.-P. (Dir.). (1994). *La chefferie ancienne : Études historiques sur le pouvoir dans les sociétés précoloniales du Tchad d'après les sources orales*. Presses universitaires de Perpignan.

Mahamat, S., Y. (2002). « L'armée et le pouvoir au Tchad 1960-1979 », in Tchad quarante ans d'indépendance : bilan et perspectives de la gouvernance et du développement, *Actes du Colloque*, Cefod, N'Djaména, (25 au 28 février 2002), pp.25-26.

Mataibayeva, G., Makysh, S., Kuchukova, N., Zhalbinova, S., Zhussupova, A. (2019). Conceprual approaches to the public debt management and its impact on financial stability. *Entrepreneurship and Sustainability Issues*, 7(2), 1496-1513. http://doi.org/10.9770/jesi.2019.7.2(49).

Merckaert, J. & Caliari, A. (2007). Réendettement des pays du Sud : tirer les leçons du passé. *Afrique contemporaine*, 223-224, 61-86. https://doi.org/10.3917/afco.223.0061

Moyangar, N. (1980). *De la conquête à l'indépendance du Tchad*, Paris, Karthala, p. 86

Ndikumana, L., & Boyce, J. K. (2011). *Africa's odious debts: How foreign loans and capital flight bled a continent*. Zed Books.

Nubukpo K, ZE Belinga M., Tinel B., Dembélé D.M. (sous la direction de) (2016) *Sortir l'Afrique de la servitude monétaire, À qui profite le franc CFA ?* Paris, La Dispute.

Nubukpo, K. (2015). Le franc CFA, un frein à l'émergence des économies africaines ?. *L'Économie politique*, 68, 71-79. https://doi.org/10.3917/leco.068.0071

Oki, D. (2020). *Ma contribution à l'histoire du Frolinat : un livre, une histoire*, N'Djamena, Tchad, p. 351.

Renodji, D. (2005.). *Pétrole et dette : Cas du Tchad.* [Internet] [cité 14 août 2024]. Disponible sur : http://www.oilwatchsudamerica.org/ doc/ campana/deuda_ecologica/ deuda_tchad-fra.pdf

Rourke T. J. (2009). *International Politics on the World Stage*, 8th edition, university of Connecticut, MC Grawhill, p.613.

Soko, B. (2022). *Debt management and governance in Africa* (African Debt Series Vol. 1). African Union Department of Economic Development, Trade, Tourism, Industry, and Minerals.

Spartacus, P. (1985). *Opération Manta : 1983-1984*, les Documents secrets, Paris, Plon, p.262.

Tchundjang, P.J. (1980). *Monnaie, servitude, liberté. La répression monétaire de l'Afrique,* Paris, Éditions Jeune Afrique.

United Nations (2024). *Relever les défis de la soutenabilité de la dette intérieure en Afrique* (2024) [Internet] [Cité 14 août 2024]. Disponible sur : https://www.un.org/en/desa/tackling-domestic-debt-sustainability-challenges-africa#:~:text=Domestic%20debt%20offers%20an%20alternative,predictability%20on%20debt%20stock%20levels

Verschave, F.-X. (2003). *La Françafrique (1958 - 1998): Le plus long scandale de la République*. Stock. Paris, France.

Table des matières

Annexes

Graphique 1.1. Croissance du PIB tchadien 2017-2023

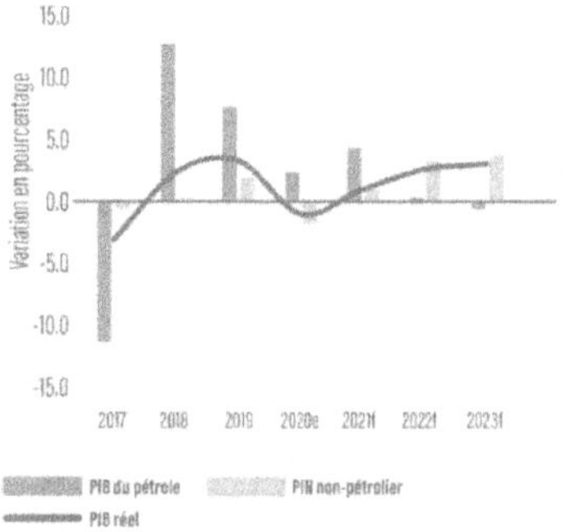

Source : Autorités tchadiennes et estimations des services de la Banque mondiale

Graphique 1.2. Pays exportateurs de pétrole sélectionnés - Estimation de la croissance du PIB en 2018-2023

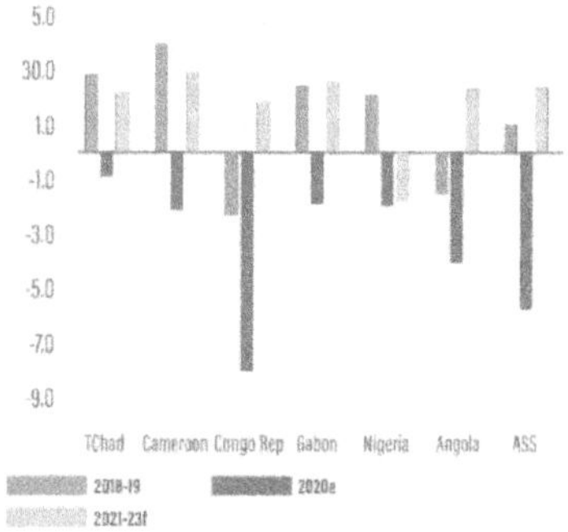

Source : Banque mondiale MPO

Graphique 1.4. Contribution sectorielle du Tchad au PIB.

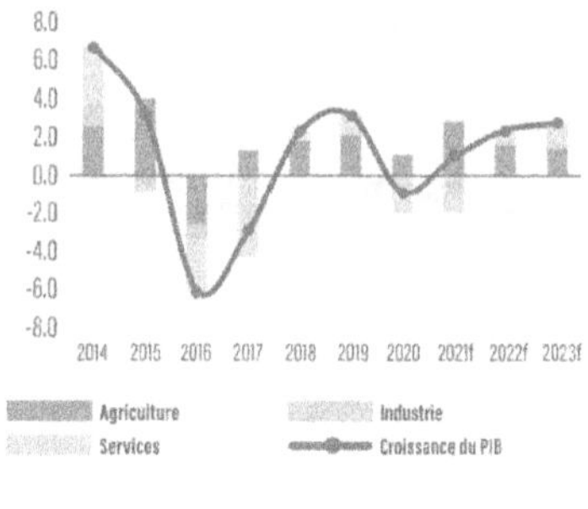

Source : Autorités tchadiennes et estimations des services de la Banque mondiale

Graphique 1.5. Contribution de la composante demande du Tchad au PIB.

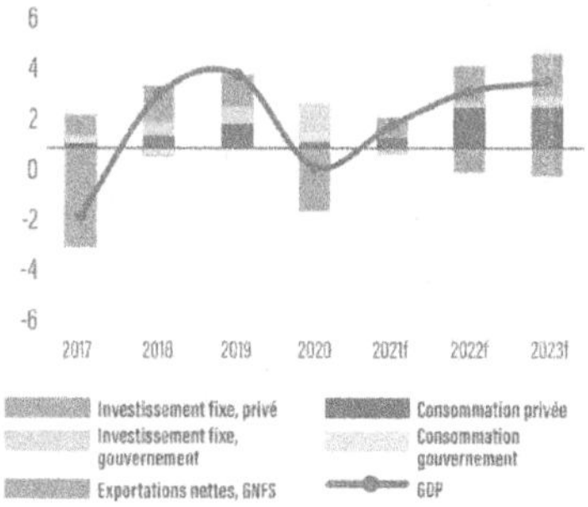

Source : Autorités tchadiennes et estimations des services de la Banque mondiale

Graphique 1.6. Tchad -- Situation budgétaire (% du PIB non pétrolier), 2017-2023

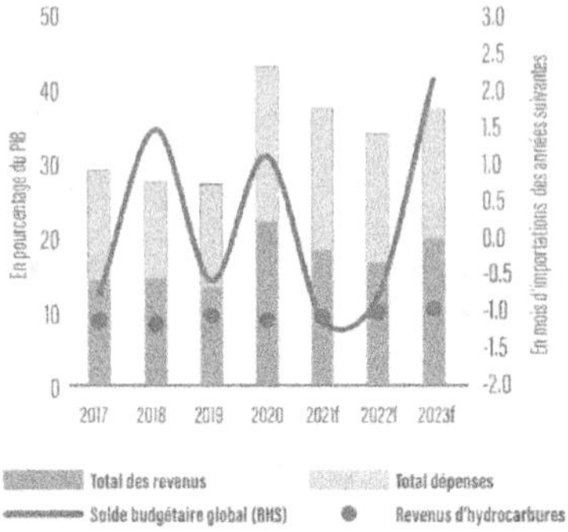

Source : Autorités tchadiennes et estimations des services de la Banque mondiale

Graphique 1.7. Tchad -- Dépenses publiques (% du PIB non pétrolier), 2017-2023

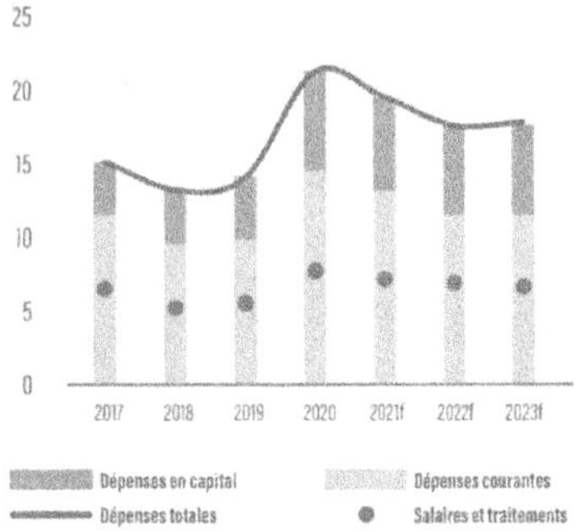

Source : Autorités tchadiennes et estimations des services de la Banque mondiale

Graphique 1.8. Tchad -- Balance commerciale, 2017-2023

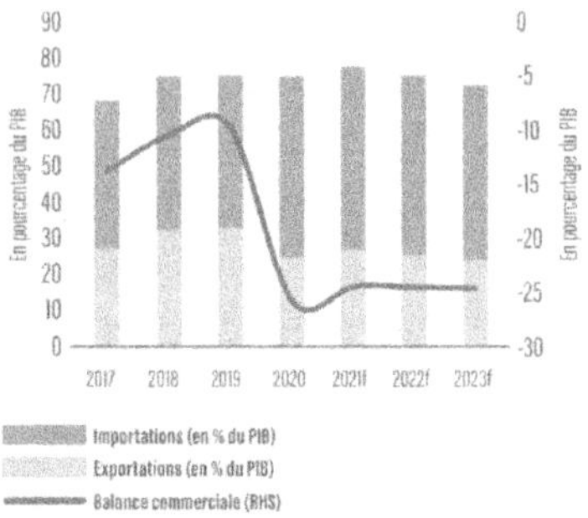

Source : Autorités tchadiennes et estimations des services de la Banque mondiale

Graphique 1.9. Tchad et CEMAC -- Comptes courants et financiers, et réserves

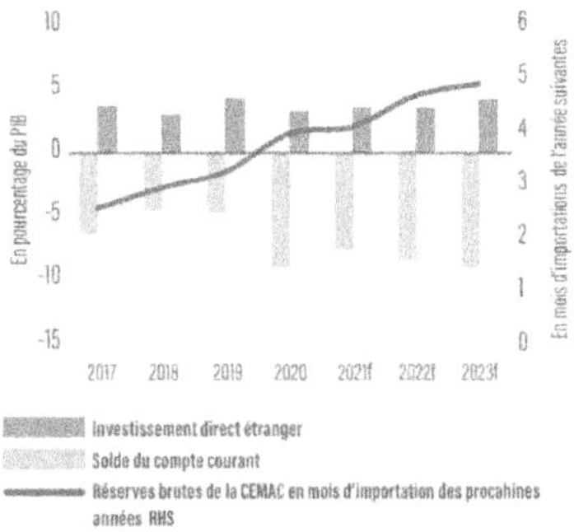

Source : Autorités tchadiennes et estimations des services de la Banque mondiale

Graphique 1.10. Tchad et CEMAC - Dynamique de l'inflation 2017-2023

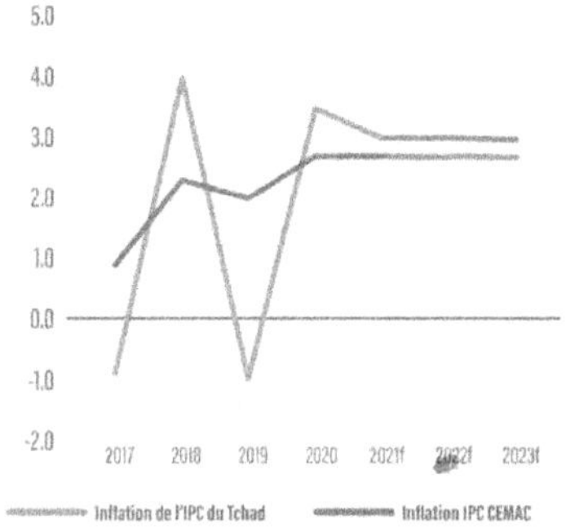

Source : Autorités tchadiennes et estimations des services de la Banque mondiale

Graphique 1.11. Variation mensuelle de l'IPC par secteur de production

Source : Autorités tchadiennes et estimations des services de la Banque mondiale

Graphique 2.5. Recettes pétrolières, dépenses et PIB réel 2012-2020

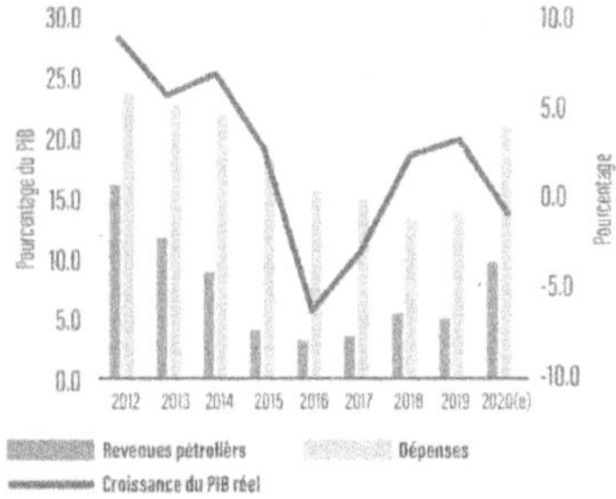

Source : Autorités tchadiennes et estimations des services de la Banque mondiale

Graphique 2.6. Dépenses publiques du Tchad 2012-2021

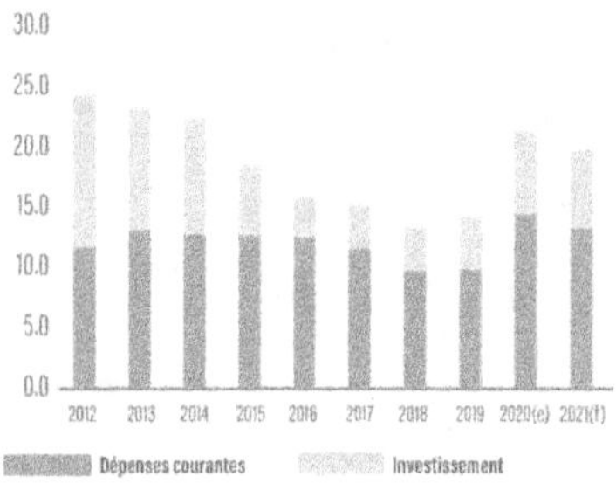

Source : Autorités tchadiennes et estimations des services de la Banque mondiale

Graphique 2.7. Dépenses publiques en 2020 et au cours des 3 dernières années (moyenne)

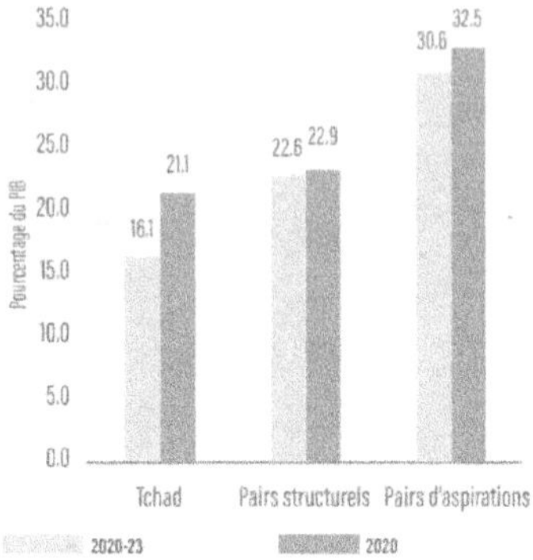

Source : Autorités tchadiennes et estimations des services de la Banque mondiale

Graphique 2.8. Source de financement des investissements publics

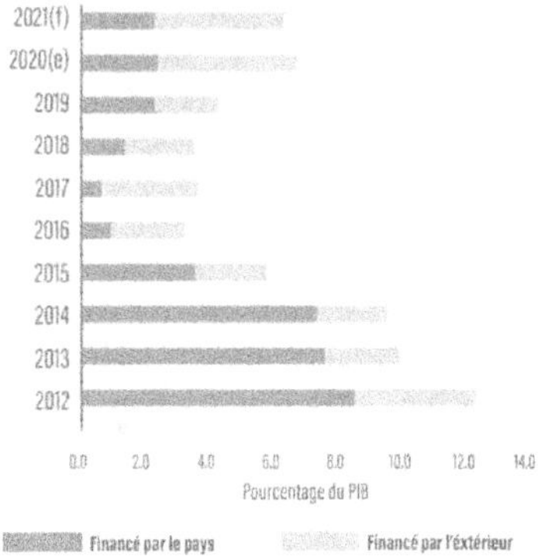

Source : Autorités tchadiennes et estimations des services de la Banque mondiale

Graphique 2.10. Allocation budgétaire pour l'investissement public par secteur

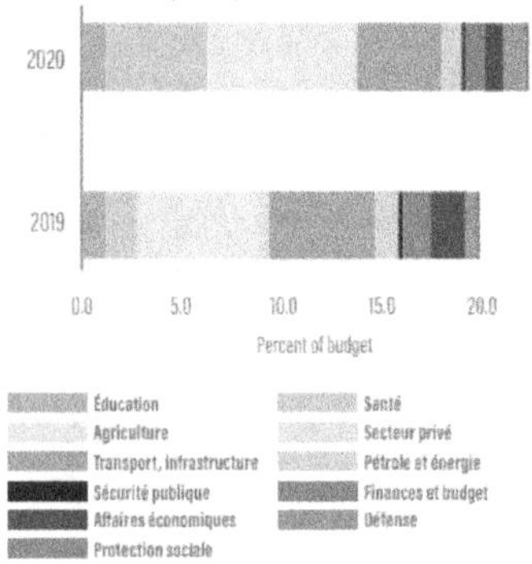

Source : Autorités tchadiennes et estimations des services de la Banque mondiale

Graphique 2.11. Investissements financés par des sources externes, par secteur

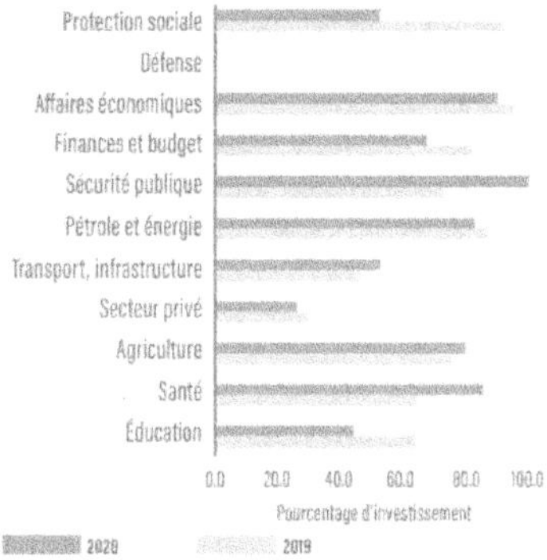

Source : Autorités tchadiennes et estimations des services de la Banque mondiale

Graphique 2.12. Composition de la dette extérieure 2020

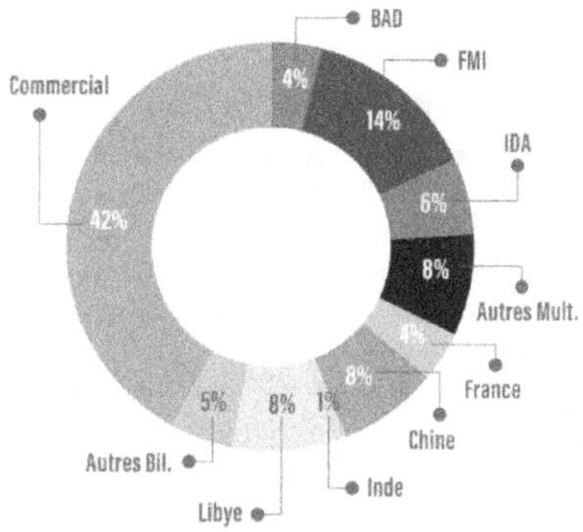

Source : Bulletin statistique de la dette publique T1, octobre 2020

Graphique 2.13. Service de la dette (pourcentage des recettes totales)

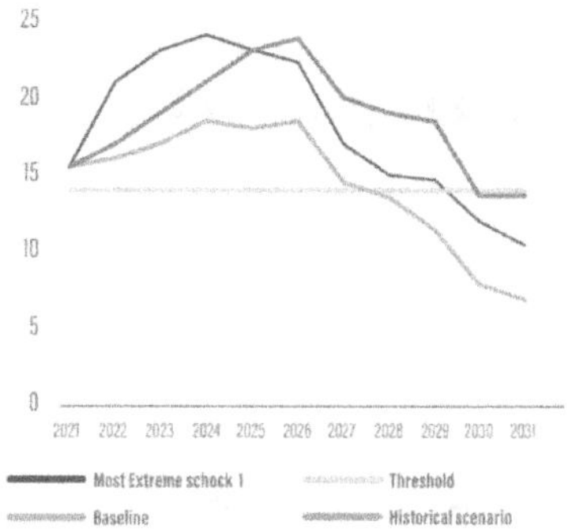

Sources : Autorités tchadiennes, créanciers sélectionnés et estimations des services de la Banque mondiale et du Fonds monétaire international (FMI).

INDICATEURS ÉCONOMIQUES ET FINANCIERS SÉLECTIONNÉS

Tableau A. 1. Tchad - Principaux indicateurs macroéconomiques, 2017-2023

	2017	2018	2019	2020(e)	2021(p)	2022(p)	2023(p)
Revenu et croissance économique	**(variation annuelle en pourcentage, sauf indication contraire)**						
PIB réel	-3.0	2.4	3.2	-0.9	1.2	2.7	2.9
PIB par habitant - nominal (US$)	665.9	726.1	709.5	603.6	610.7	642.5	681.9
Consommation privée (% du PIB)	73.5	72.3	71.0	71.9	71.6	71.6	71.3
Investissement fixe brut (% du PIB)	13.6	14.0	14.4	13.1	12.9	14.3	16.1
Investissement fixe brut - privé (% du PIB)	11.1	11.0	10.9	8.2	8.3	9.7	11.2
Investissement fixe brut - public (% du PIB)	2.4	2.9	3.6	4.9	4.6	4.6	4.8
Comptes fiscaux	**(en pourcentage du PIB non pétrolier, sauf indication contraire)**						
Solde budgétaire global - y compris subventions, engagement (% du PIB)	-0.8	1.5	-0.6	1.1	-1.1	-0.5	2.2
Solde budgétaire primaire (% du PIB)	0.8	3.0	1.0	2.9	0.4	0.3	3.3
Dette publique totale (% du PIB)	49.8	48.3	44.4	47.3	46.9	47.0	47.0
Dette publique extérieure (% du PIB)	37.5	37.1	24.8	26.5	23.5	22.9	20.2
La monnaie et les prix	**(en pourcentage du PIB, sauf indication contraire)**						
Inflation, prix à la consommation (% annuel, fin d'année)	-0.9	4	-1	3.5	3.0	3.0	3.0
Taux de change nominal (moyenne de la période)	580.7	555.5	586.0	586.0	586.0	586.0	586.0
Indice du taux de change réel (2005=100)	98.6	93.5	97.2	96.2	95.3	93.0	90.8
Comptes externes	**(percentage of GDP unless otherwise specified)**						
Croissance des exportations (%, en glissement annuel)	1.3	4.6	6.0	1.1	4.8	0.7	0.4
Croissance des importations (%, en glissement annuel)	-1.3	1.4	4.0	2.0	4.0	4.1	4.1
Exportations de marchandises (millions de dollars US courants)	2465.8	3324.3	3349.8	2406.6	2899.8	4390.7	6648.1
Importations de marchandises (millions de dollars US courants)	2161.4	2471.3	2594.4	2599.6	2742.6	2860.5	3046.4
Balance des comptes courants (BoP, y compris les transferts courants, en millions de dollars courants)	-659.3	-533.3	-550.2	-926.3	-805.9	-970.7	-1135.9

	2017	2018	2019	2020(e)	2021(p)	2022(p)	2023(p)
Balance des comptes courants (y compris les transferts courants, en % du PIB)	-6.6	-4.7	-4.9	-9.3	-5.9	-6.2	-7.3
Dette extérieure, totale (% du PIB)	37.5	37.1	24.8	26.5	23.5	22.9	20.2
Population, emploi et pauvreté							
Population, total (millions)	15.0	15.5	15.9	16.4	16.9	17.4	17.9
Taux de pauvreté au seuil de pauvreté national (% de la population)	39.9	40.1	40.1	41.4	41.8	41.6	41.6
Croissance de la population (% annuel)	3.1	3.1	3.0	3.0	3.0	3.0	2.9
Espérance de vie							
Mémo							
PIB (milliards de LCU courants)	5,807	6,243	6,630	5,809	6,053	6,556	7,160
PIB (milliards de dollars US actuels)	10.0	11.2	11.3	9.9	10.3	11.2	12.2

Source : Autorités tchadiennes ; estimations et projections des services du FMI et de la Banque mondiale.

Tableau A. 2. Tchad - Opérations budgétaires de l'administration centrale, 2017-23

	2017	2018	2019	2020(e)	2021(p)	2022(p)	2023(p)
Revenu et croissance économique	**(en pourcentage du PIB, sauf indication contraire)**						
Total des revenus et des subventions	14.2	14.6	13.3	22.2	18.3	16.7	19.9
Recettes fiscales	6.4	6.0	6.9	7.5	7.9	8.2	8.5
Revenus non fiscaux	0.8	0.5	0.3	0.3	0.3	0.3	0.3
Revenus des produits de base	3.4	5.4	4.9	9.6	5.6	4.7	4.4
Subventions	3.5	2.8	1.2	4.8	4.4	3.4	3.4
Autres revenus	0.0	0.0	0.0	0.0	0.0	0.0	3.3
Dépenses	15.0	13.1	13.9	21.1	19.4	17.5	17.7
Salaires et rémunérations	6.5	5.1	5.4	7.6	7.0	6.8	6.5
Biens et services	1.5	1.6	1.3	1.8	1.6	1.6	1.5
Paiements d'intérêts	1.6	1.5	1.6	1.8	1.6	1.1	1.1
Transferts courants	1.8	1.7	2.0	3.9	3.4	2.9	2.7
Dépenses d'investissement	3.6	3.6	4.3	6.8	6.4	6.1	6.2
Autres dépenses	0.0	-0.4	-0.6	-0.7	-0.6	-1.0	-0.4
Solde global (y compris subventions, engagement)	-0.8	1.5	-0.6	1.1	-1.1	-0.8	2.2
Solde global (hors subventions, engagement)	-4.3	-1.3	-1.8	-3.7	-5.6	-4.2	-1.2
Bilan primaire, LCU	0.8	3.0	1.0	2.9	0.4	0.3	3.3
Besoin de financement	0.8	-1.5	0.6	-1.1	1.1	0.8	-2.2
Financement total (externe et interne)	1.9	1.7	1.7	1.1	-0.7	-2.2	-2.2
Financement extérieur (net)	1.4	1.3	1.2	-0.3	-0.4	-0.5	-0.6
Amortissement	2.2	2.0	1.9	1.8	2.0	2.1	2.1
Décaissement	2.8	2.5	2.4	1.0	1.2	1.2	1.2
Autres financements externes	0.8	0.7	0.7	0.4	0.4	0.5	0.4
Financement intérieur (net)	0.5	0.5	0.5	1.4	-0.3	-1.7	-1.6
L'écart de financement	-1.1	-3.2	-1.1	-2.2	1.8	3.0	0.1
Dette publique totale	49.8	48.3	44.4	47.3	46.9	47.0	47.0
Dette extérieure	37.5	37.1	24.8	26.5	23.5	22.9	20.2
Dette intérieure	12.3	11.2	19.6	20.8	23.4	24.2	26.8

Source : Autorités tchadiennes ; estimations et projections des services du FMI et de la Banque mondiale.

Structures éditoriales du groupe L'Harmattan

L'Harmattan Italie
Via degli Artisti, 15
10124 Torino
harmattan.italia@gmail.com

L'Harmattan Hongrie
Kossuth l. u. 14-16.
1053 Budapest
harmattan@harmattan.hu

L'Harmattan Sénégal
10 VDN SICAP AMITIE 3
BP 45034 Dakar-Fann
direction@senharmattan.com

L'Harmattan Cameroun
Tsinga/Derrière polyclinique FECAFOOT
BP 11486 Yaoundé
Jacques.koukam@harmattan.fr

L'Harmattan Burkina Faso
Villa 281, secteur 23 623, rue 14.32
Ouagadougou
zagbie@outlook.fr

L'Harmattan Guinée
Almamya, rue KA 028 OKB Agency
BP 3470 Conakry
harmattanguinee@yahoo.fr

L'Harmattan RDC
185, avenue Nyangwe
Commune de Lingwala - Kinshasa
matangilamusadila@yahoo.fr

L'Harmattan Congo
219, avenue Nelson Mandela
BP 2874 Brazzaville
deunovmikhael@gmail.com

L'Harmattan Mali
Immeuble Mgr Jean Marie Cissé
Aci Hamadallaye
BP 145 Bamako
syllaka@yahoo.fr

L'Harmattan Togo
Djidjole – Maison Amela
face EPP BATOME
02 BP 20680 Lomé
didieramela11@gmail.com

L'Harmattan Côte d'Ivoire
Résidence Karl – Cité des Arts
Abidjan-Cocody
03 BP 1588 Abidjan
harmattan.ivoire@gmail.com

L'Harmattan Bénin
Rue 604, (Immeuble à l'entrée
de la rue UCAO- Cite de Saint-Jean)
Cotonou
stepcorpus@gmail.com

Nos librairies en France

Librairie internationale
16, rue des Écoles
75005 Paris
librairie.internationale@harmattan.fr
01 40 46 79 11
www.librairieharmattan.com

Librairie des savoirs
21, rue des Écoles
75005 Paris
librairie.sh@harmattan.fr
01 46 34 13 71
www.librairieharmattansh.com

www.ingramcontent.com/pod-product-compliance
Lightning Source LLC
LaVergne TN
LVHW021209061026
849535LV00008B/2644